MODELOS Y ESTRATEGIAS DE ENSEÑANZA DE LAS CIENCIAS SOCIALES

MODELOS Y ESTRATEGIAS DE ENSEÑANZA DE LAS CIENCIAS SOCIALES

ROGELIO CASTILLO WALLE
DANIEL DESIDERIO BORREGO GÓMEZ
DANIEL CANTÚ CERVANTES

Para realizar pedidos de este libro, contacte con:
Palibrio
1663 Liberty Drive
Suite 200
Bloomington, IN 47403
Gratis desde EE. UU. al 877.407.5847
Gratis desde México al 01.800.288.2243
Gratis desde España al 900.866.949
Desde otro país al +1.812.671.9757
Fax: 01.812.355.1576
ventas@palibrio.com
802777

ÍNDICE

INTRODUCCIÓN

Hablar sobre la enseñanza de las ciencias sociales, es remontarnos hasta el origen de la escuela tradicional donde se cuestionaban los métodos y técnicas de enseñanza al momento de abordar los contenidos de los cursos en contextos diversos y variados. La didáctica entendida como "la parte de las ciencias de la educación que se ocupa de los sistemas y procedimientos de enseñanza-aprendizaje a partir de la teoría y los métodos educativos" (De Jesús, Méndez, Andrade y Martínez, 2007, p. 12), en las ciencias sociales era motivo de cuestionamiento.

Durante mucho tiempo la enseñanza de las ciencias sociales en las instituciones educativas se enconstraba basada en un modelo pedagógico tradicional. Se conocía la importancia de las ciencias sociales como parte de la comprensión de los fenómenos sociales que estaban transformado las sociedades y los avances del hombre en la ciencia y las disciplinas que de esta se desprenden, pero se carecía de recursos didácticos que hicieran comprender a los estudiantes los contenidos de las ciencias sociales y sus alcances.

Al principio, la didáctica general pretendía dar respuesta al "cómo enseñar" en las ciencias sociales desde la construcción de modelos generales para los problemas de la enseñanza de todo tipo de contenidos. Empero, la constitución de áreas de conocimientos dirigidas a los problemas de la enseñanza de contenidos concretos es mucho muy reciente. La didáctica general si bien ofrece alternativas para llevar a cabo el proceso de enseñanza en cualquier disciplina, reconoce que la esencia de cada disciplina y requiere de una mirada particular, es decir de una didáctica específica que se ocupe "de la aplicación de cada disciplina en el aula" (González, 2010, p.1).

Las didácticas específicas surgen en la década de los sesenta y setenta "como ámbitos dedicados al análisis y a la reflexión sobre la enseñanza y el aprendizaje de contenidos concretos, y a la formación del profesorado, puede situarse entre la década de los sesenta y la de los setenta si bien existen antecedentes importantes tanto en el mundo anglosajón como en España y en los países de nuestro entorno" (Pagés, 2000, p. 1). La institucionalización de este campo del conocimiento tuvo una gran importancia en la construcción de la didáctica de las ciencias sociales y en su consolidación como uno de los pilares de la formación del profesorado.

La institucionalización de la didáctica específica en España y en gran parte de la región europea se dio debido a dos fenómenos, la masificación y la democratización del sistema educativo. Los problemas de la enseñanza y aprendizaje no eran tan evidentes porque no se había presentado ningún acontecimiento dentro de la educación que pusiera al descubierto la forma de enseñar de los maestros en comparación con los resultados académicos de los estudiantes.

El interés por analizar la enseñanza cobró mayor importancia, cuando se empezó hablar del fracaso escolar. La preocupación por este fenómeno generó estudios de todo tipo, "tanto de tipo sociológico sobre los condicionantes sociales y la influencia del entorno en los aprendizajes, como de tipo psicológico sobre los problemas y los obstáculos del aprendizaje y las estrategias más adecuadas para superarlos" (Pagés, 2000, p. 2). Las didácticas específicas fueron claves para asumir el reto de superar el fracaso escolar. El fracaso escolar también fue asociado con la formación del profesorado y la práctica docente.

En América Latina, la didáctica de las ciencias sociales ha formado parte de las reflexiones del profesorado y se han generado desde hace algunas décadas al igual que en Europa grupos de investigación, institutos, centros y programas de posgrados que ofrecen aportes importantes al conocimiento de esta didáctica específica. Aunque se reconoce estos esfuerzos, "la didáctica de las ciencias sociales, es aún conceptual y metodológicamente débil" (Antunez, 1999, p. 25). Más allá del modelo educativo asumido por la Universidad, la didáctica de las ciencias sociales se materializa en el aula de distintas formas, que varía según disciplinas, formación profesional de los docentes, experiencia en la práctica docente, características de los estudiantes y grupos, así como las características histórico-sociales del contexto.

Algunos de los retos más importantes de la enseñanza de las ciencias sociales son la investigación y la práctica docente. Estepa (2009) destaca el conocimiento generado en relación con la epistemología y metodología de investigación en didáctica de las ciencias sociales, el currículo y los profesores, alumnos y los procesos de enseñanza y aprendizaje en contextos diversos. En cuanto a la práctica docente, la situación se torna un poco más compleja, hay docentes que se resisten a modificar su forma tradicional de enseñar las ciencias sociales.

El profesor juega un papel importante en la enseñanza de las ciencias sociales, porque diseña e instrumenta los procesos de planeación didáctica. La didáctica de las ciencias sociales constituye "uno de los saberes básicos de la competencia profesional del profesorado junto con el conocimiento de las materias a enseñar y los conocimientos psicopedagógicos y sociológicos más generales" (Pagés, 2000, p.3).

En México, se han realizado diversas investigaciones en la didáctica de las ciencias sociales. Estos estudios han explorado y analizado la situación de las ciencias sociales y sus tendencias generales en la formación profesional, la aplicación de modelos pedagógicos en la enseñanza de las ciencias sociales, las experiencias docentes en el aula, las estrategias didácticas para un aprendizaje significativo, así como la transformación en las estrategias didácticas con la finalidad de desarrollar competencias propias de las ciencias sociales. Sin embargo, el conocimiento generado en línea de investigación enseñanza de las ciencias sociales, sigue siendo escasa y limitada.

El presente estudio tiene la finalidad de aportar al entendimiento de la enseñanza de las ciencias sociales y su relación con los modelos pedagógicos; y define como objetivo general el describir y explicar los modelos y estrategias de enseñanza de las ciencias sociales que sustentan la práctica del docente universitario en una institución pública, resaltando la instrumentación didáctica y su fundamentación teórica.

Las preguntas que orientaron esta investigación fueron: ¿cuáles son los modelos pedagógicos que sustentan la enseñanza de las ciencias sociales del docente universitario en una universidad pública?, ¿cuáles son los modelos y estrategias de enseñanza, los ambientes y medios de aprendizaje y la práctica docente que utiliza el profesor de las ciencias sociales de la Universidad Autónoma de Tamaulipas?; cuestionamientos que estuvieron presentes en el transcurso de la investigación y que permitieron la formulación de los objetivos de la misma.

Esta investigación asume que en la enseñanza de las ciencias sociales coexisten diferentes de modelos pedagógicos de formación profesional tradicionales, conductuales, constructivistas y por competencias, que a su vez son asumidos por los docentes de la UAT, y materializados en modelos de enseñanza, ambientes y medios de aprendizaje, así como prácticas docentes distintas para la formación de los profesores de las ciencias sociales.

Los hallazgos encontrados en esta investigación ponen en evidencia que el Modelo Educativo de la UAT, la enseñanza innovadora, flexible y centrado en el alumno y en el aprendizaje, la formación crítica, reflexiva y autónoma de los estudiantes, no se cumple en su totalidad, apremiando la coexistencia de modelos pedagógicos tradicionales, conductuales, constructivistas y por competencias, que a su vez es reflejado en una diversidad de modelos de enseñanza, medios y ambientes de enseñanza aprendizaje, prácticas educativas que caracterizan la didáctica de las ciencias sociales de los docentes de las ciencias sociales.

En cuanto a la estructura y organización del trabajo, como primer apartado se integró el planteamiento del problema, en el que se especifican los antecedentes del objeto de estudio, la definición y justificación del problema, las preguntas, objetivos e hipótesis de investigación, así como los alcances y limitaciones del estudio realizado. Como segundo apartado, se integró el marco teórico en el que se presenta una revisión analítica de los diversos estudios y los referentes teóricos que se han generado en relación los modelos pedagógicos que sustentan la enseñanza de las ciencias sociales.

Como tercer apartado, se agregó la perspectiva metodológica, el enfoque y diseño metodológico que se ha adoptado en la investigación, las variables de estudio, la selección de la población y la muestra obtenida para la investigación, las estrategias, técnicas e instrumentos utilizados para la recolección de datos y el análisis e interpretación de los resultados. Como cuarto apartado, se incorporaron los resultados de investigación en los que se analizan, describen y explican los resultados identificados de la aplicación del cuestionario en las variables estudiadas: modelos de enseñanza, ambientes y medios de aprendizaje, así como práctica docente, fundamentándose los mismos de manera teórica.

Finalmente, se añadieron las conclusiones en las que se puntualizan los hallazgos más relevantes de la investigación, las recomendaciones para la mejora de la enseñanza de las ciencias sociales en la UAT, así como las referencias bibliográficas y los anexos que fueron necesarios para el desarrollo de este trabajo investigativo.

CAPÍTULO I

Planteamiento del Problema

1.1 Antecedentes

La didáctica de las ciencias sociales en las últimas décadas se ha encontrado relacionada a una fuerte discusión sobre su origen y método que utiliza. Dicha discusión se centra esencialmente en la validez y la forma de conocer la realidad social.

Al respecto Porlán (1998) argumenta:

> La didáctica de las ciencias como una concepción compleja de las disciplinas vincula a uno de los debates epistemológicos más importantes de los últimos veinticinco años. Trata de las similitudes y diferencias que existen entre los modos de producción científica de las ciencias experimentales y de las ciencias sociales (Bunge, 1985). Este debate, aún no ha concluido, está presidido por un principio básico: definir los rasgos que caracterizan el conocimiento y que lo distinguen de otras formas de conocimiento (p. 175-178).

Uno de los principales puntos donde se centran estos debates, es el objeto de estudio de las ciencias experimentales y de las ciencias sociales. En el caso de la didáctica de las ciencias, este debate muestra perfiles ciertamente paradójicos y problemáticos, ya que, por un lado, las ciencias experimentales son una fuente primordial para el conocimiento didáctico y constituyen las disciplinas de origen de gran parte de la comunidad investigadora, por otro, su objeto, la formación científica y del profesorado de ciencias, se ubica en el ámbito de las ciencias sociales. Con frecuencia, el contraste epistemológico entre las ciencias experimentales y las ciencias sociales ha sido presentado como un contraste entre disciplinas maduras y consolidadas (las primeras) y disciplinas jóvenes y difusas (las segundas) (Toulmin, 1972). Es cierto que la edad de una ciencia es una variable que influye poderosamente en el rigor de sus métodos y la racionalidad y coherencia de su cuerpo teórico, de ahí que la didáctica de las ciencias se suele considerar como una disciplina emergente (Porlán, 1993).

Siguiendo a Porlán (1998), el origen de la didáctica de las ciencias como área de conocimiento disciplinar se sitúa en los años cincuenta en un contexto de medidas político-económicas y educativas que pretenden impulsar el crecimiento científico y tecnológico de estos países. En Inglaterra, se pusieron en marcha proyectos para la enseñanza de las ciencias desde una perspectiva contextualizada aproximados hacia reconocer a la ciencia como un conocimiento indispensable para resolver los problemas de la sociedad. En Estados Unidos, esta disciplina permitió la creación de proyectos que pretendieron transformar la enseñanza tradicional de las ciencias.

En España, no fue hasta la aparición de la didáctica de las ciencias sociales que la Universidad empezó a preocuparse por la investigación en este ámbito. Existe una escasa, cuando no nula atención que se ha prestado y se sigue prestando a sus resultados de la didáctica de las ciencias sociales, por parte de los diseñadores del currículo y por los profesores. "Hoy existe suficiente investigación sobre los problemas de la enseñanza y el aprendizaje de las ciencias sociales en todas las etapas educativas, pero sigue siendo escasa la investigación sobre la formación del profesorado para su enseñanza" (Pagés, 2012, p. 9).

En Colombia, las investigaciones sobre la didáctica de las ciencias sociales comenzaron a darse en la universidad pública, de manera preponderante a partir de la década de los noventa. En los últimos diez años, la investigación en la didáctica de las ciencias sociales experimentó un cambio en la manera como ha sido estudiada, que se evidencia en el auge de estudios y reflexiones teóricas para la ejecución de proyectos de investigación. Sin embargo, son pocos los grupos de investigación creados para el estudio de la didáctica de las ciencias sociales. Si bien, "la investigación se encuentra en su fase inicial, se puede notar una tendencia a aumentar la la labor investigativa en las ciencias sociales y la didáctica, y la conformación de comunidades científicas especpíficas" (Del Pilar y Mejía, 2012, p. 187-188).

La investigación en didáctica de las ciencias sociales plantea preguntas que se relacionan con la metodología (Ávila y Rivero, 2010), por ejemplo: ¿qué métodos de investigación son idóneos en la didáctica de las ciencias sociales?, ¿qué tienen en común la investigación de la didáctica de las ciencias sociales con la investigación en otras áreas del conocimiento?, y, ¿qué aspectos se pueden compartir con estas áreas a nivel teórico y metodológico?

La generación del conocimiento en la enseñanza de las ciencias sociales debe procurar "que no sólo se reflexione la didáctica, sino en aspectos esenciales de las ciencias sociales, rastreando a otras didácticas específicas de las ciencias sociales diferentes a la geografía y la historia, por ejemplo, la didáctica de la sociología, didáctica de la antropología, didáctica de las ciencias políticas, didáctica de la economía, la didáctica de la psicología y otras que puedan implicarse directamente en nuestro medio" (Gutiérrez, Buitrago y Arana, 2012, p. 180-181).

En México y en Tamaulipas, la investigación de la didáctica de las ciencias sociales es un campo de estudio por lo que, si bien hay estudios en la materia, estos son escasos y limitados. Las preocupaciones relacionadas con el currículum de las ciencias sociales, la didáctica de las ciencias sociales, la formación de los docentes y la práctica educativa, los aprendizajes logrados, la solución de los problemas del contexto, entre otros, continúan siendo el centro del debate académico.

1.2 Definición y justificación del problema

La formación del profesorado constituye en la actualidad una de las preocupaciones más importantes del sistema educativo en la mayor parte de países del mundo, como es también el caso de México. A pesar de las múltiples reformas educativas y curriculares, la formación del profesorado responsable de implementarlas es todavía tema pendiente, por lo tanto, "para que el cambio educativo tenga éxito se requiere la implicación del profesorado" (Pagés, Estepa, y Travé, 2000, p. 13) y, en consecuencia, la formación profesional integral del docente.

Según Porlán (1993), la didáctica de las ciencias sociales constituye un área de conocimiento emergente que forma parte de la didáctica y que se incluye en el campo más amplio de las ciencias de la educación.

> Su ámbito de estudio está constituido por el conjunto de contextos de enseñanza-aprendizaje institucionalizados, en la medida en que manejan información relacionada con los problemas sociales. Esto quiere decir que los temas relevantes para la didáctica lo son también para la didáctica de las ciencias sociales, y viceversa, pero lo son, en el primero de los casos, desde una perspectiva mucho más concreta: desde la óptica de facilitar que los alumnos describan, comprendan y conceptualicen los sistemas sociales y sus relaciones con el medio natural, y que desarrollen determinadas capacidades, actitudes y comportamientos en relación con lo anterior (p. 203).

Pese a los avances epistemológicos y metodológicos en la didáctica de las ciencias sociales, Zapata y Quiroz (2012, p. 95), reconocen que en las aulas todavía se presentan dificultades como:

- Observaciones directas y en escucha atenta donde se observa que los estudiantes de educación básica secundaria presentan dificultades para acercarse al lenguaje que define las ciencias sociales, lo cual les genera cierta apatía por el abordaje de lecturas, manifestando una constante negativa en su proceso de aprendizaje y en la evaluación.
- En lo que respecta al aula de clase, los estudiantes presentan dificultad para comprender ampliamente los conceptos en contenidos de orden histórico, geográfico, social, político y económico.
- Otro problema evidente en el aula de clase y tal vez sea el más recurrente, es la dificultad en la comunicación, para la cual los docentes acuden a nuevas formas de establecer puentes para mediar el lenguaje de las ciencias sociales y el lenguaje construido desde la experiencia cotidiana de los jóvenes, y así menguar la distancia entre el conocimiento formal y el conocimiento del sentido común.

La didáctica de las ciencias sociales en la Universidad Autónoma de Tamaulipas (UAT) a pesar de las múltiples reformas curriculares constituye en la actualidad una de las preocupaciones del profesorado. A lo largo de la historia de la UAT, se han generado diversas reformas curriculares con la intención de responder a la constante transformación de la sociedad.

Desde 1972 cuando a la Universidad se le reconoce y concede la autonomía universitaria mediante los decretos 33 y 34 promulgados por el gobernador Manuel A. Ravizé (Zorrilla, 1993), se adoptó el modelo educativo con sentido pedagógico tradicional. En la década de los setenta y ochenta la Universidad priorizaba la formación de profesionales altamente capacitados, asimismo, la incorporación de profesores del extranjero trajo consigo una diversidad interesante en cuanto a pensamientos sociales y pedagógicos en la Universidad. Estas décadas estuvieron marcadas por las ideologías preponderantes del socialismo y el capitalismo que se ponían en juego en los países latinoamericanos y en los modelos pedagógicos que asumirían las universidades, como es el caso de la UAT.

El modelo pedagógico tradicional se fue implementando también a lo largo de la década de los noventa, sin embargo, estaba cerca el final del siglo XX y el inicio del siglo XXI. Un nuevo siglo influenciado por el neoliberalismo, la globalización, las llamadas sociedades de la información y el conocimiento, la incorporación de las tecnologías, entre otros aspectos que hacían pensar en nuevas formas pedagógicas para formar profesionales que fueran acorde a las nuevas exigencias sociales, de las instituciones públicas y privadas.

A partir de 1998, la UAT a través de la Coordinación de Planeación y Desarrollo Institucional, inició un proceso institucional con el propósito de poner en práctica un modelo curricular diferente al que venía operando desde la creación misma de esta institución. La idea fue de implementar una reforma que cambiara de fondo al modelo curricular de corte tradicional. El proceso partió con la realización de cursos y talleres apoyados por la participación de académicos de las 24 dependencias de todos los campus de la UAT. La reforma fue concluida y puesta en práctica como un nuevo modelo llamado Misión XXI. Dentro de los puntos más importantes de este modelo se encontraban:

- La configuración de una estructura curricular que se integra por un ciclo de formación básica universitaria, un ciclo de formación disciplinaria y un ciclo de formación profesional.

- El ciclo de formación básica universitaria se compone fundamentalmente por un conjunto de asignaturas que tienen como propósito la formación homogénea de todos los universitarios en determinados rasgos del perfil que tienen qué ver con competencias para:
- La incorporación de la flexibilidad como un criterio que permite al estudiante la posibilidad de "construir su propio currículo".
- La configuración de tres ciclos escolares en el año en virtud de agregar a los períodos de primavera y otoño, un período de verano con características diferentes. En este período se admitían inscripciones a un máximo de tres asignaturas intensivas por estudiante, intensivas y seleccionadas para procesos de regularización acreditando rezagos o bien, para adelantar materias del currículum.
- Considerando los cursos de verano y la ruptura de la seriación rígida del currículum, se dió la posibilidad de que los estudiantes pudieran concluir su carrera.
- La intención de implementar un modelo pedagógico para la docencia basado en el constructivismo.

Destaca de estos puntos, el modelo pedagógico constructivista dejando atrás en la universidad el modelo pedagógico tradicional. El modelo pedagógico constructivista sería la base del trabajo realizado por el maestro en aula con los estudiantes. De acuerdo con Serrano y Pons (2011):

> El constructivismo, en esencia, plantea que el conocimiento no es el resultado de una mera copia de la realidad preexistente, sino de un proceso dinámico e interactivo a través del cual la información externa es interpretada y reinterpretada por la mente. En este proceso la mente va construyendo progresivamente modelos explicativos, cada vez más complejos, de manera que conocemos la realidad a través de los modelos que construimos *ad hoc* para explicarla (p. 11).

El modelo pedagógico pasó de estar centrado en el docente a estar centrado en el estudiante, sin embargo, esto no quiere decir que se demerite la intervención del maestro en el aula, por el contrario, el maestro continúa siendo sumamente importante para el proceso de enseñanza aprendizaje. Las nuevas formas de llamar al maestro universitario se denominaron: "guía" o "facilitador".

Para el año 2005, se establecieron algunos cambios curriculares al entonces denominado del Plan Misión XXI, dando paso a una nueva generación que se formaría en modelos constructivistas y centrados en el estudiante. En 2014 la UAT inicia la reforma curricular Generación del Conocimiento con Valores, dicha reforma asume principalmente dos enfoques educativos, el enfoque constructivista y el modelo por competencias.

El Modelo Educativo de la UAT (2010), se caracteriza principalmente por su modelo de enseñanza innovadora, diseño flexible, centrado en el alumno y en el aprendizaje, que privilegia la formación crítica, reflexiva y autónoma de los estudiantes y que permite responder a las necesidades de actualización en función de las necesidades sociales de nuevas orientaciones e intereses del alumno. Dicho modelo, asume el aprendizaje como un producto del proceso de construcción del conocimiento, y a la enseñanza como un conjunto de acciones gestoras y facilitadoras del aprendizaje.

El Plan de Desarrollo Institucional de la UAT 2014-2017, hizo énfasis en un modelo educativo centrado en los aprendizajes de los alumnos y apoyados por procesos de mediación docente, acción que es ejercida desde conceptualizaciones constructivistas que requieren del uso y aplicación de estrategias didácticas para promover "el aprendizaje significativo, los métodos activos como el estudio de casos, la resolución de problemas, la realización de proyectos, el aprendizaje, por descubrimiento, así como el trabajo cooperativo y el aprendizaje autónomo de los estudiantes, entre los más significativos" (p. 30).

Estos cambios curriculares han generado en la academia de la UAT algunos cuestionamientos sobre la pertinencia de adoptar e incorporar el modelo por competencias en la enseñanza de las ciencias y particularmente en la didáctica de las ciencias sociales. Estos cuestionamientos no corresponden únicamente a la UAT sino en general a las universidades del país.

Habiendo hecho estas precisiones, el presente estudio se interesa por conocer y reflexionar cómo aplican los docentes los elementos clave del modelo educativo institucional en sus procesos de enseñanza aprendizaje, en qué otros modelos pedagógicos si fuera el caso fundamentan teórica y metodológicamente su práctica educativa, cómo se forman los profesores de las ciencias sociales y cómo los docentes enseñan las ciencias sociales; para luego identificar el objeto de estudio y formular la preguntas que orientaron la investigación.

1.3 Preguntas de investigación

1. ¿Cuáles son los modelos pedagógicos que sustentan la enseñanza de las ciencias sociales del docente universitario en una universidad pública?., 2. ¿Cuáles son los modelos y estrategias de enseñanza, los ambientes y medios de aprendizaje y la práctica docente que utiliza el profesor de las ciencias sociales de la Universidad Autónoma de Tamaulipas?

Estos cuestionamientos fundaron el transcurso de la presente investigación y permitieron la formulación de los objetivos que se decriben a continuación.

1.4 Objetivos de investigación

1.4.1 Objetivo general

1. Describir y explicar los modelos pedagógicos que sustentan la enseñanza de las ciencias sociales del docente universitario en una universidad pública. 2: Identificar los modelos y estrategias de enseñanza, los ambientes y medios de aprendizaje y la práctica docente que utiliza el profesor de las ciencias sociales de la Universidad Autónoma de Tamaulipas.

Preguntas especificas:

1. ¿Cuáles son los fundamentos teóricos relacionados con la enseñanza de las ciencias sociales y su relación con los modelos pedagógicos? 2. ¿Cuáles son los modelos pedagógicos que subyacen en la enseñanza de las ciencias sociales? 3. ¿Cuáles son aquellas estrategias de enseñanza de las ciencias sociales que utiliza el docente universitario?

1.4.2 Objetivos específicos

- Identificar los fundamentos teóricos relacionados con la enseñanza de las ciencias sociales y su relación con los modelos pedagógicos.
- Identificar y explicar los modelos pedagógicos que subyacen en la enseñanza de las ciencias sociales.
- Describir y explicar las estrategias de enseñanza de las ciencias sociales que utiliza el docente universitario.

1.5 Hipótesis

En la enseñanza de las ciencias sociales coexisten diferentes modelos pedagógicos de formación profesional tradicionales, conductuales, constructivista y por competencias, que son asumidos por los docentes de la Universidad Autónoma de Tamaulipas, y materializados en modelos de enseñanza, ambientes y medios de aprendizaje, así como prácticas docentes diversos para la formación de los profesores de las ciencias sociales.

1.6 Alcance y limitaciones

Esta investigación está enfocada específicamente a los docentes de las ciencias sociales de la Universidad Autónoma de Tamaulipas. La investigación fue dirigida a los Profesores de Tiempo Completo y de Horario Libre de las Licenciaturas en Ciencias de la Educación con opción en Ciencias Sociales, Licenciatura en Historia y Licenciatura en Sociología. En México hay pocas investigaciones que toman como objeto de estudio la enseñanza de las ciencias sociales en el ámbito universitario.

CAPÍTULO II

Marco Teórico

En este capítulo se presenta la revisión analítica de los diversos estudios y los referentes teóricos que se han generado en relación los modelos pedagógicos que sustentan la enseñanza de las ciencias sociales.

Según Hernández, Fernández y Baptista (2014, p. 60-61), "el desarrollo de la perspectiva teórica es un proceso y un producto". Como afirman Yedigis y Weinbach (2005), se conforma como un proceso de inmersión en el conocimiento existente y disponible que puede estar vinculado con nuestro planteamiento del problema, y un producto (marco teórico) que a su vez es parte de un producto mayor: el reporte de investigación.

Estos mismos autores afirman que la perspectiva teórica proporciona una visión sobre dónde se sitúa el planteamiento propuesto dentro del campo del conocimiento; por lo tanto, la perspectiva teórica cumple diversas funciones en una investigación:

1. Ayuda a prevenir errores que se han cometido en otras investigaciones.
2. Orienta sobre cómo habrá de realizarse el estudio. En efecto, al acudir a los antecedentes podemos darnos cuenta de cómo se ha tratado un problema específico de investigación:

   - Qué clases de estudios se han efectuado.
   - Con qué tipo de participantes, casos o muestras.
   - Cómo se han recolectado los datos.

- En qué lugares o contextos se han llevado a cabo.
- Qué diseños se han utilizado.

Aun en el caso de que desechemos los estudios previos, éstos nos orientarán sobre lo que queremos y lo que no queremos para nuestra investigación.

3. Amplia el horizonte del estudio o guía al investigar para que se centre en su problema y evite desviaciones del planteamiento original.
4. Documenta la necesidad de realizar el estudio.
5. Conduce al establecimiento de hipótesis o afirmaciones que más tarde habrán de someterse a prueba en la realidad, o nos ayuda a no establecerlas por razones bien fundamentadas.
6. Inspira nuevas líneas y áreas de investigación (Race, 2010 y Yurén Camarena, 2000).
7. Provee de un marco de referencia para interpretar los resultados del estudio. Aunque podemos no estar de acuerdo con dicho marco o no utilizarlo para explicar nuestros resultados, es un punto de referencia.

El desarrollo de la perspectiva teórica usualmente comprende dos etapas:

- La revisión analítica de la literatura correspondiente.
- La construcción del marco teórico, lo que puede implicar la adopción de una teoría.

2.1 Didáctica ¿ciencia o disciplina?

Dentro del mundo académico surge el debate respecto a la didáctica, en cuanto a considerarla como ciencia o disciplina. Este apartado no pretende adentrase en el análisis del mismo, pero si ofrecer algunas discusiones y fijar una postura de la didáctica como ciencia o disciplina.

La didáctica, del griego [*didaktikós*] es considerado como una disciplina que tiene como objeto estudio el proceso de enseñanza aprendizaje y todos los elementos que conforman el fenómeno educativo. A su vez, la didáctica proviene del verbo *didasco* (enseño) y *didascalos* (maestro), "el que enseña". El hecho didáctico la relación interdependiente que es el de enseñar y el de aprender.

La didáctica se ubica entre las llamadas *ciencias aplicativas de la educación* (Fernández, Sarramona y Tarín, 1984) por su carácter eminentemente práctico, y atiende especialmente a que el trabajo docente y discente sea congruente con el método de aprendizaje.

La didáctica es una disciplina reflexivo-aplicativa que se ocupa de los procesos de formación y desarrollo personal en contextos intencionadamente organizados (Torre, 1993). La didáctica enfrenta dificultades al delimitar su objeto de estudio porque la enseñanza no es tan sólo un fenómeno provocador de aprendizajes, sino que implica una situación social influida por los actores involucrados, presiones externas e instituciones (Contreras, 1990).

La didáctica es la expresión de la pedagogía, cuyo objeto de estudio es la investigación de los métodos exitosos para la práctica dirigida de la enseñanza y del aprendizaje orientados al cumplimiento de los objetivos y desarrollo de competencias. La didáctica responde a cómo enseñar en diversos contextos y situaciones específicas. Según Tomachewski (1993) la didáctica es una rama de la pedagogía cuyo objeto de estudio es el proceso de instrucción y de la educación dirigida en clase, es decir también se le puede definir como la teoría general de la educación. Su objeto de estudio se desarrolla a través de siete ámbitos problemáticos:

> 1) La determinación de los fines y los objetivos de enseñanzas; 2) la descripción del proceso de enseñanza en su forma general y el descubrimiento de las leyes de ese proceso; 3) la derivación de principios de reglas para el trabajo del profesorado clase; 4) La concreción del contenido de la clase que el alumnado puede a asimilar para su desarrollo y las diversas actividades prácticas que debe realizar; 5) La formulación de los principios fundamentales de la organización de la clase para conseguir que el alumno aprende; 6) el análisis de los métodos que el profesorado ha de utilizar en la enseñanza; 7) La selección de los medios materiales que deben utilizarse clase (p. 23-24).

La didáctica como disciplina se ocupa de estudiar la acción pedagógica, es decir, "las prácticas de la enseñanza, y que tienen como misión describirlas, explicarlas y fundamentar y enunciar normas para la mejor resolución de los problemas que estas prácticas plantean a los profesores" (Camilloni, Cols, Basabe y Feeney, 2007, p. 22).

Los modelos educativos parten de principios pedagógicos, pero es la didáctica quién los traduce e implementa en la práctica con los estudiantes. En este sentido la didáctica en la acción pedagógica "nos remite desde la construcción colectiva a situar su objeto de estudio en las prácticas pedagógicas que subyacen al encuentro educativo y los fundamentos epistemológicos que sus actores ponen en juego en el acto mismo" (Buitrago, 2008, p. 56).

La didáctica como disciplina se interesa por "investigar y determinar qué metodologías pueden contribuir a una mejora de los procesos de enseñanza, en modos que potencien, según el ámbito, la acción docente, alumnos y contenidos en que se desenvuelva" (Bolivar, 2011, p. 6).

La didáctica tiene manifestaciones tanto teóricas, como históricas y políticas. En la manifestación teórica expresa proyectos sobre educación, sobre formaciones sociales, sobre el sujeto y a la ciencia como instrumento que el hombre ha creado para conocer y transformar su realidad; en su expresión histórica, forma parte de un proyecto de creación de modelo de hombre en momentos históricos determinados; y en su manifestación política, las propuestas se encuentran dentro de un proyecto social (Díaz Barriga, 2011).

Esta investigación asume a la didáctica como una disciplina que forma parte de la pedagogía. La didáctica contribuye al campo de la pedagogía. La pedagogía forma parte de las ciencias de la educación, mientras que la didáctica es una disciplina práctica que colabora con la pedagogía en cuanto a situarse en un contexto y estudiar las prácticas de la enseñanza.

2.2 La enseñanza de las ciencias sociales

La investigación educativa, pedagógica y en particular la didáctica de las ciencias sociales, emergieron tan solo hace algunas décadas. Los docentes del ámbito universitario así como los de la educación básica han vislumbrado la necesidad de "transformar las prácticas profesionales de manera que posibiliten avizorar otras formas en las cuales los docentes acerquen el conocimiento a sus estudiantes y de igual forma éstos lo aprovechen no sólo en la potenciación de sus habilidades, sino en la transformación de sus prácticas ciudadanas" (Martínez y Quiroz, 2011) citado por (Zapata y Quiroz, 2012, p. 86).

En la década de los noventa, la investigación principalmente en el ámbito anglosajón fue orientada hacia la formación inicial del profesorado en didáctica de las ciencias sociales, hacia el oficio de enseñar y a las representaciones sobre la enseñanza de las ciencias sociales. En este contexto, "han aparecido nuevas propuestas sobre la formación inicial del profesorado que evidencian la importancia y el interés que, en casi todo el mundo, está teniendo la formación de su profesorado" (Pagés, Estepa y Travé, 2000, p. 15).

En el ámbito internacional, en España a partir de 1996, se destacó el Simposio Internacional de Didáctica de las Ciencias Sociales organizado por la Asociación Universitaria del Profesorado de Didácticas de las Ciencias Sociales. En dicho espacio se ha venido generado un análisis y debate en relación con la enseñanza de las ciencias sociales. A continuación, se hace referencia a sus aportaciones más relevantes:

Santiesteban (1997), analizó la formación inicial del profesorado y la didáctica de las ciencias sociales, profundizando en el conocimiento y en la interpretación de los problemas de la enseñanza y el aprendizaje de las ciencias sociales, e intentando construir una teoría de la didáctica de las ciencias sociales.

En la Universitat de Lleida (1998), se debatió el papel de los valores en la educación y la didáctica de las ciencias sociales, y en especial, en la educación para la democracia; el papel de la enseñanza y del aprendizaje de las ciencias sociales, de la geografía y de la historia en la reproducción o en la construcción o reconstrucción de valores democráticos alternativos.

García (1999), se enfocó en el currículum de ciencias sociales para el siglo XXI abordando entre otros temas, el conocimiento científico y la didáctica de las ciencias sociales, los cambios de la perspectiva espacial y temporal en el currículum, la disciplinariedad, transdisciplinariedad e integración en el currículum, el currículum universitario, y la formación de los maestros en el ámbito de ciencias sociales.

Pagés, Estepa y Travé (2000), presentaron una serie de aportaciones en torno a los modelos, contenidos y experiencias en la formación de docentes de ciencias sociales, geografía e historia de educación secundaria, planteando el papel de la universidad en el desarrollo profesional, programas de formación del profesorado de didácticas de las ciencias sociales en diversas universidades; formación que se desea promover en el profesorado de las ciencias sociales, y metodología en la enseñanza de la didáctica de las ciencias sociales a partir de la experiencia de los docentes.

Estepa, Friera y Piñeiro (2001), debatieron sobre la contribución de la educación a la formación de las identidades, y en particular el papel de la escuela, el profesor, el currículum y la enseñanza de las ciencias sociales; el papel de la enseñanza de la historia en la formación de la identidad nacional; las concepciones y actitudes de estudiantes para profesor en relación a las identidades y territorios, la influencia de los procesos de enseñanza-aprendizaje en la construcción de estas identidades; y el proceso de enseñanza-aprendizaje partiendo de la realidad próxima del alumno.

Estepa, Sánchez y de la Calle (2002), estudiaron las necesidades formativas del profesorado de las ciencias sociales, sobre las competencias ser, saber y saber hacer, y las tendencias en la formación del profesorado de las ciencias sociales en la Unión Europea y América Latina, específicamente las estrategias de formación y las experiencias de aula; la función del *practicum* en la formación inicial del profesorado de ciencias sociales en relación a las prácticas de enseñanza, y la difícil relación entre teoría y práctica en los procesos de formación.

Ballesteros, Fernández, Molina y Moreno (2003), analizaron la relación educación y patrimonio, las dificultades, obstáculos y necesidades formativas en la enseñanza y aprendizaje del patrimonio, los escenarios para el aprendizaje del patrimonio, el patrimonio como recurso en la enseñanza de las ciencias sociales. Vera-Muñoz y Pérez (2004), se enfocaron en las TIC y su relación con la enseñanza y el aprendizaje de las ciencias sociales, la globalización y formación de la ciudadanía, el tratamiento del género en la currícula de las ciencias sociales.

En la Universidad de Almería (2005), se debatió el análisis del papel de la didáctica de las ciencias sociales y el tratamiento de la multiculturalidad. Por otra parte, Gómez y Núñez (2006), analizaron el binomio investigación-formación en las ciencias sociales en tres dimensiones, investigar para formar, formar para investigar, y la formación del profesorado de ciencias sociales en la convergencia europea.

Ávila, López y Fernández (2007), debatieron las competencias profesionales para la enseñanza-aprendizaje de las ciencias sociales ante el reto europeo y la globalización, los criterios que de manera transversal debería poseer el profesorado de todas las etapas educativas y de todas las áreas y disciplinas. Ávila, Alcázar y Díez (2008), analizaron la función didáctica de las ciencias sociales en los nuevos planes de estudio, el currículo de ciencias sociales en la enseñanza no universitaria y su implicación con el diseño curricular y su posterior desarrollo, la investigación en el contexto científico-didáctico en torno a la didáctica de las ciencias sociales.

Ávila, Rivero y Domínguez (2010), debatieron los métodos de investigación en didáctica de las ciencias sociales, profundizaron en la investigación cualitativa, la investigación y el desarrollo profesional del profesorado de didáctica de las ciencias sociales, los nuevos programas de doctorado, así como la investigación en otras didácticas específicas y su relación con la didáctica de las ciencias sociales. Miralles, Molina y Santiesteban (2011), estudiaron la evaluación en el proceso de enseñanza y aprendizaje de las ciencias sociales en tres ámbitos de análisis de la evaluación, la didáctica de las ciencias sociales, que han estructurado y que ofrecen una visión de conjunto acerca de los aprendizajes, los programas y materiales educativos, y la práctica educativa del profesorado.

De-Alba-Fernández, García-Pérez y Santiesteban (2012), analizaron debatieron sobre la enseñanza de la historia como formación para la participación ciudadana, la enseñanza de las ciencias sociales y su influencia en la participación democrática. Díaz, Santiesteban y Cascajero (2013), reflexionaron el pensamiento crítico como producto integrador formativo en la enseñanza de las ciencias sociales.

En estudios más recientes, Pagés (2014) profundizó en el currículo y la innovación en la enseñanza de las ciencias sociales, de la geografía, de la historia y de la educación para la ciudadanía. Por su parte, Hernández, García y Montaña (2015), analizaron la innovación y el currículum de ciencias sociales, la formación del profesorado de ciencias sociales, la enseñanza de las ciencias sociales, así como la investigación en didáctica de las ciencias sociales.

En México, también se han realizado diversas investigaciones sobre la didáctica de las ciencias sociales, entre los que destacan los estudios de Velásquez y Taboada (2003), que realizaron una revisión analítica del estado de la cuestión de la didáctica de las ciencias histórico-sociales en el contexto de la educación superior del periodo de 1992 a 2002. La mayoría de los estudios está enfocado a la enseñanza de las ciencias históricas y solo dos estudios importantes se relacionaron con la didáctica de las ciencias sociales: Ibarra Rosales (1993) que analizó la situación de las ciencias sociales y sus tendencias generales en la formación profesional, tomando como referencia el caso de la sociología, la ciencia política y la economía, y Rojas (1994) que presentó las experiencias docentes en el aula como una experiencia didáctica que intenta la enseñanza y el aprendizaje de la metodología de la investigación en el campo de las ciencias sociales, analizando el caso de la Facultad de Ciencias Políticas y Sociales de la UNAM.

Latapí (2013), realizó una revisión analítica sobre la cuestión sobre la enseñanza de la Historia en México de 2000 a 2010, y destacó la importancia de generar en los estudiantes la comprensión de la temporalidad, causalidad y espacialidad histórica y el entendimiento de la relación multidisciplinaria de la historia con otras ciencias sociales, para que el alumnado se asuma como sujeto histórico, como analítico del desarrollo del pensamiento histórico conocedor de la importancia del aprendizaje significativo de la historia a través de la utilización de diversas estrategias docentes; la relación de la enseñanza de la historia con la interculturalidad y la preocupación por la perspectiva de género en la enseñanza de la historia.

Martínez (2004), analizó las estrategias didácticas para un aprendizaje significativo de las ciencias sociales, específicamente en la asignatura de historia a nivel de preparatoria en Nuevo León. Este estudio pone en evidencia que el modelo didáctico bajo el cual se imparten los conocimientos de ciencias sociales sigue siendo tradicional, ya que la práctica didáctica se basa en asimilar la mayor cantidad de contenidos por parte del alumno (aprendizaje), además, enseñar significa exponer los contenidos verbalmente, se practica constantemente la memorización y el aprendizaje repetitivo; además el currículum es un listado de contenidos conceptuales utilizado como programa. El papel del maestro es simple transmisor y fuente de autoridad; existe la necesidad de transformar la enseñanza y por lo tanto existen muchas áreas de oportunidad, uno de los aspectos es la sensibilización de los maestros y alumnos hacia el uso de nuevas estrategias didácticas y hacia los beneficios tanto explícitos como implícitos que estas tienen.

Jurado (2013), analizó la causalidad histórica en estudiantes de un colegio de bachilleres en Querétaro y encontró que en la enseñanza de la historia, el profesor necesita enseñar o transmitir el conocimiento de cómo entender, comprender la causalidad; romper con la idea tradicional en la enseñanza de la historia de que la información que se da sobre las causas que originan un hecho es inequívoca, que existen verdades absolutas; enseñarles que para un hecho existen diferentes explicaciones y que en historia no hay verdades absolutas, no obstante, ello no quiere decir que cada quien puede decir lo que quiera ni que no se tenga o se mantenga el rigor científico.

Dosil y Guzmán (2013), profundizaron en la didáctica de la historia en las escuelas zapatistas en Chiapas, y sus hallazgos más relevantes muestran que las escuelas zapatistas son espacios donde la comunidad se piensa a sí misma y donde los niños van situando su deseo. Esta educación rebelde no se generó desde arriba, a partir de modelos pedagógicos y con la venida de especialistas, sino desde abajo, como reza el manifiesto zapatista. Fueron las mismas comunidades las que asumieron la responsabilidad de educar, a partir de saberes ancestrales.

Mora y Estepa (2013) analizaron la formación de la ciudadanía mediante la enseñanza de la democracia como un espacio para la participación en la escuela y en el aula, encontrando que el principal obstáculo a la enseñanza de la democracia en México es que se tenga un currículo y libros de texto con carácter nacional y obligatorio para la educación básica, ya que esto determina fuertemente las prácticas docentes.

Finalmente, otra de las aportaciones relevantes, realizada por Flores (2014), analizó cómo enseñar desde el absurdo las ciencias sociales. Enseñar desde el absurdo tiene sus fundamentos en la pedagogía existencial y sugiere que la didáctica de las ciencias sociales requiere de extraer las consecuencias positivas del sinsentido de las cosas y llevarlas a la práctica docente y a la didáctica disciplinar.

2.3 La construcción histórica de las ciencias sociales y sus implicaciones

Incursionar en el amplio campo de las ciencias sociales, es entrar al debate sobre su objetividad, sobre todo, por el grado de cientificidad de las disciplinas que conforman este campo. Por tanto, ¿es posible la objetividad en las ciencias sociales?, ¿se trata acaso de una objetividad similar a las ciencias naturales? Estas preguntas se encuentran en el centro del debate metodológico en la sociología, la historia, la economía política, la antropología, la ciencia política, y la epistemología desde hace aproximadamente un siglo.

En el ámbito de la filosofía de las ciencias sociales, Mardones (2001) reconoció que "actualmente no hay consenso en las llamadas ciencias del espíritu, culturales, humanas o sociales, acerca de la fundamentación de su quehacer. Desde la aparición de las diversas disciplinas que se acogen al sobrenombre del espíritu, humanas o sociales" (p. 19). Las discusiones más trascendentes, al respecto, se dan en Francia a mediados del siglo XIX, en la cuales se trata de definir el concepto de ciencia, en el que se le pretende asignar un lugar a las ciencias sociales. Al respecto Mardones (2001) expuso que:

> La aparición expresa, manifiesta, de estas disciplinas (dicho sea globalmente y sin muchas precisiones) aconteció en el siglo XIX; es decir, en el momento histórico en que se hizo evidente que la sociedad y la vida de los hombres con sus múltiples relaciones, no era ni algo claro, ni dado de una vez por todas. Desde este momento de crisis, el pensamiento y la reflexión pugnaron por encontrar estabilidad. Fruto de esta lucha con un mundo social que se había vuelto problemático, se fortalecieron la ciencia histórica, sociológica, política, económica, psicológica... ¿pero, eran verdaderamente ciencias tales intentos, explicaciones, reflexiones y quehaceres? La respuesta dependería del concepto de ciencia que se utilizará como medida (p. 19-20).

Las ciencias sociales, como tales, comprenden explicaciones e interpretaciones de los hechos en los que intervienen los sujetos en la dinámica social. Desde esta perspectiva, toda actividad realizada por los seres humanos responde a fenómenos sociológicos que deben estar sujetos a dichas explicaciones. La sociología como ciencia se ubica en el centro de la discusión ya que se trata de definirla desde la manera de las ciencias naturales como lo planteaba Augusto Comte y Herbert Spencer;

o desde, la autonomía de las nacientes ciencias. Conceptualizaciones que hasta la fecha son motivo de discusión.

Dentro del campo de las ciencias sociales, su epistemología, método y el grado de objetividad, Mardones (2001) presentó algunas conclusiones tales como:

1. Todavía no se ha llegado a tener un consenso acerca de la fundamentación científica. No tenemos una teoría de la ciencia o de la epistemología. Hay varias en pugna. Simplificando mucho, las diversas posturas se reducen a proponer un modelo de explicación científica según el canon de las ciencias naturales (positivismo), o modelos diferentes donde se acentúa la peculiaridad del objeto sociohistórico, psicológico y el modo de aproximación a él (hermenéutica, fenomenología, dialéctica, lingüística…).

2. Si buscamos el origen de esta disputa nos encontramos al contemplar el panorama de la historia de la concepción de la ciencia en Occidente, que existen dos grandes tradiciones científicas: la aristotélica y la galileana. La primera pone el énfasis en procurar que los fenómenos sean inteligibles teleológicamente; para la segunda, la explicación científica es explicación causal.

3. El debate ha tenido sus momentos álgidos para una y otra tradición. Desde finales del siglo XIX, se registra una reacción de la tradición aristotélica contra el predominio de la concepción positivista de la raíz galileana. Tal reacción encuentra en nuestros días a cualificados representantes con matices propios: fenomenológicos, hermenéuticos, dialécticos.

4. Incluso entre las alternativas antipositivistas se sostienen posturas no compaginables. Al analizar tales diferencias, nos percatamos de que no son puramente metodológicas, sino también concepción de la sociedad y de la historia. Tras la teoría de la ciencia se lucha por diversos modelos de hombre y sociedad.

5. Actualmente se considera alcanzado el rechazo de los exclusivismos. La concepción de la ciencia se flexibiliza, la explicación científica no es solo causalista, ni solo teleológica o hermenéutica. El postulado de la complementariedad se va

abriendo paso y transitando de un mero deseo a concreciones metodológicas justificadas.

6. Se va considerando aceptada la aportación de la historia y la sociología de la ciencia para la reconstrucción racional de las teorías científicas. Asistimos a un cambio de tema, que ha pasado de las recomendaciones normativas a las histórico-sociales.

7. El método científico se ensancha. Aparece el ideal de las ciencias sociales y humanas de *generalizaciones débiles* como el modo de unificar las ciencias. Queda claro que no existen fronteras tan nítidas entre la ciencia y otras actividades del pensamiento humano. Crece, en suma, el convencimiento de la necesidad de profundizar la autoconciencia de la ciencia sobre su propio quehacer. La filosofía de la ciencia se vuelve reflexión sobre los presupuestos y supuestos de la tarea científica (2001, p. 56-57).

Existen dos grandes vertientes sobre la concepción de ciencia, una que menciona que los fenómenos no pueden verse, pere su finalidad última es explicarlos; y otra que afirma que la ciencia es la explicación de los fenómenos a través de procesos causales. Previo a la aparición de las ciencias humanas, la filosofía era la disciplina que trataba de explicar racionalmente la realidad social, no incluyendo el razonamiento analítico de las ciencias exactas; además no sólo no incluía este razonamiento analítico, si no que critica el razonamiento analítico matemático promoviendo una nueva racionalidad dialéctica.

Antes de la aparición de las ciencias sociales Núñez (1989) argumentó que "la racionalidad dialéctica reducía su campo de acción a la especulación filosófica, cuyo ejemplo máximo fue la obra de Hegel; que cada vez se separaba todavía más del entendimiento analítico, característico de las matemáticas y de la deducción lógica" (p. 112-113). Entonces se generó que la crítica no sólo no incluía este razonamiento analítico, si no que criticaba el razonamiento analítico matemático promoviendo una nueva racionalidad dialéctica.

Siguiendo a Núñez, las ciencias sociales han realizado históricamente una crítica práctico-real a la racionalidad analítica matemático-lógica, promoviendo en la teoría científica una nueva racionalidad dialéctico-concreta. Esto no significa desechar en las hipótesis la exigencia de la no-contradicción como a menudo se lee en los manuales neopositivistas. La no-contradicción del pensamiento debe exigirse, pero como una instancia parcial de una racionalidad dialéctica de contrarios, que registra la no-contradicción como un momento necesario. En efecto, mientras la racionalidad analítica se apoya en el principio de la identidad y de no-contracción, la razón dialéctica, justamente, habría de fundarse en la contradicción y la diferencia.

Paralelo a la aparición de las ciencias sociales se puede encontrar también la tendencia filosófica del historicismo, que menciona que el ser es esencialmente como un devenir, un proceso temporal que no puede ser captado por la razón. En este tema Núñez (1989) argumentó que:

> La aparición de las ciencias sociales particularmente corrió pareja a la denominada "crisis del historicismo", que la concepción clásica alemana de la historia había esparcido por doquier. La economía política, la sociología, la política y hasta la psicología social se emanciparon de las humanidades y de la disciplina tradicional de la historia. Esta 'pérdida de la historia' hizo posible, en realidad, la potenciación de los elementos científicos contenidos en su seno. La crisis del historicismo provocó, de una parte, el nacimiento de las ciencias sociales y, de la otra, un movimiento filosófico-epistemológico sobre el contenido y los métodos de estas nuevas disciplinas que rivalizaban en 'cientificidad' con las clásicas 'ciencias naturales'. Fue así como, además de Marx, brotaron numerosos críticos del historicismo tradicional, por ejemplo Dilthey, Windelband, Rickert, Weber (p. 112-113).

Al entrar en crisis el historicismo, dio lugar al nacimiento de las ciencias sociales como la ciencia política, la sociología y la psicología social que se encontraban en vías de independizase de las humanidades. Lo anterior generó una nueva visión epistemológica sobre el contenido y los métodos y la didáctica de estas nuevas disciplinas. En este sentido, Tonda (2001) señaló que la literatura científica ha desarrollado este concepto de forma ambigua, utilizándose el término ciencias sociales de forma confusa y equívoca. La falta de consenso entre escuelas, tendencias y autores ha llevado a crear incluso problemas de carácter semántico, refiriéndose a ellas indistintamente como ciencias humanas, ciencias del hombre, ciencias culturales, o ciencias sociales (González Hernández, 1980).

Entre las numerosas definiciones acerca de las ciencias sociales, se distingue la conceptualización de la Fundación Nacional para la Ciencia *(en inglés, National Science Foundation)* que es una agencia gubernamental de los Estados Unidos que impulsa investigación y educación fundamental en todos los campos no médicos de la ciencia y la ingeniería. Define: "Las ciencias sociales son disciplinas intelectuales que estudian al hombre como ser social por medio del método científico. Es su enfoque hacia el hombre como miembro de la sociedad y sobre los grupos y las sociedades que forma, lo que distingue a las ciencias sociales de las ciencias físicas y biológicas" (Gross,1983, p. 86).

Siguiendo a Gross, también es posible definir las ciencias sociales a partir de perspectivas específicas, considerándolas como el estudio de los sistemas y subsistemas sociales. De esta manera, se desprende el sistema social de roles y la conducta asociada a ellos (Sociología), el sistema cultural de pautas, costumbres y normas de conducta (Antropología), el sistema político de control social y asignación del poder (Ciencias Políticas), el sistema económico de producir, distribuir y consumir bienes y servicios (Economía), el sistema histórico del orden temporal y causal de los hechos humanos (Historia), y el ecosistema de los elementos espaciales que los humanos necesitan y utilizan (Geografía).

La ciencia social está integrada por un conjunto de disciplinas que estudian al hombre como ser social, su comportamiento y sus manifestaciones en la sociedad y sus formas de organización a lo largo la historia y en contextos variados, las interacciones sociales del hombre, los grupos y las sociedades que se forman en los sistemas social, económico, político y cultural.

2.4 Las ciencias sociales. Concepto, objeto de estudio y clasificación

Según Martialay (2014) los pedagogos se refieren a las ciencias sociales como una disciplina global que estudia al hombre como ser social, miembro de la sociedad y productor de resultados sean estos científicos o no. La sociología por su parte divide a las ciencias sociales en ciencias descriptivas y ciencias sociales analíticas. Desde la sociología habría una única apreciación formal dividida en subsistemas cada uno de los cuales se dedicaría a analizar y estudiar distintos campos de las manifestaciones humanas con respecto a la conducta de los roles (sociología), normas de conducta y costumbres (antropología), sistema político y control social (ciencia política), control del sistema de producción y consumo (economía), o los espaciales (geografía).

En el devenir histórico de las ciencias sociales se fue constituyendo una forma de ver e interpretar la realidad y en gran medida han sido referente para las prácticas del hombre en sus dimensiones éticas, políticas, económicas y sociales. De esta forma, se puede decir que la construcción de esta nueva visión por parte de las ciencias sociales exige un nuevo replanteamiento.

El objeto de las ciencias sociales trasciende los ámbitos económicos y políticos para incursionar en estudios ligados con la diversidad, con la inclusividad de los grupos más vulnerables que están inmersos en interacciones de una convivencia poco pacífica y carente de valores.

2.5 La incorporación de las ciencias sociales al currículum de educación superior

La didáctica de la historia y las ciencias sociales, como la del resto de asignaturas, ha crecido y se ha amparado en las concepciones curriculares dominantes en cada momento histórico. El currículum como construcción social que surge, se modifica y reforma a partir de un conjunto de circunstancias históricas y de intereses sociales, se refleja, o al menos así lo pretende, en unas prácticas educativas de donde emergen los problemas que estudia la didáctica. Como tal construcción social, históricamente determinada, constituye un sistema a través del cual se toman decisiones sobre aquella parte de la cultura que se considera conveniente que las nuevas generaciones conozcan y aprendan en la escuela para integrarse en la sociedad (Pagés, 1994). Los currícula como construcción social está en constante cambio en función de las transformaciones sociales, económicas e históricas.

El currículum de didáctica de las ciencias sociales, "es un currículum que puede ser investigado para crear conocimiento sobre lo que ocurre o deja de ocurrir cuando enseñamos a enseñar ciencias sociales en la universidad o en los centros donde nuestros estudiantes realizan sus prácticas, para saber cómo intervenimos y cómo deberíamos o podríamos intervenir para formar "buenos" profesionales de la enseñanza en el campo de las ciencias sociales, de la geografía y de la historia". (Pagès, Estepa y Travé, 2000, p. 14).

La incorporación de las ciencias sociales, no sólo en la currícula de educación superior, debe replantearse y asumir posturas teóricas que ayuden a encontrar explicaciones coherentes con modelo de vida complejos; que coadyuven a encontrar soluciones a problemáticas del contexto; pero, sobre todo, que favorezcan la formación de individuos con ética y valores.

2.6 Modelos pedagógicos

2.6.1 ¿Qué es un modelo?

La definición de modelo es muy diversa, sobre todo en la forma que se emplea. Es una construcción conceptual que permite describir las relaciones de un fenómeno, la actitud de las personas, así como, los aspectos materiales; por lo tanto, un modelo es la representación parcial derivada de la realidad. Al respecto Chamizo y García (2010) acentuaron que el término modelo es polisémico y "se ha empleado y se emplea aún con sentidos diversos. Por un lado, es ejemplar, indicando aquellas cosas, actitudes o personas que se propone imitar. La valentía de un guerrero, la inteligencia de un sabio, la solidaridad de un médico, la velocidad de un corredor o la belleza de una mujer son ejemplos de modelos en este sentido" (p.14)

El concepto de modelo, si bien, hace referencia a una representación de la realidad, es más complejo que dicha aseveración; dado que, en su construcción infieren procesos de naturaleza filosófica, sociológica y psicológica, y por lo tanto se puede extrapolar a otros ámbitos, como el pedagógico.

2.6.2 Modelo pedagógico

Desde la pedagogía a lo largo de la historia de la educación se ha construido una serie de modelos pedagógicos para orientar la educación y la formación del tipo de sociedad que se desea y requiere. La pedagogía es una ciencia que permite estudiar el proceso de socialización que se genera en individuos, grupos y sociedad, mediante metodologías y técnicas que se aplican en los procesos de enseñanza-aprendizaje considerando sus relaciones y construcciones de conocimiento entre sujeto-objeto.

El modelo pedagógico ha sido concebido como "una guía para la acción de las instituciones, sustentada en un enfoque de derechos y desarrollo humano, que centra sus intencionalidades en los intereses de los niños, en la posibilidad de aprender con pertinencia y relevancia, dispuesta a entender las demandas del desarrollo educativo requerido por los estudiantes que asisten a estas instituciones. Es un modelo integral, dinámico y orientador" (Ortiz, Reales y Rubio, 2014, p. 25-26).

El modelo pedagógico se caracteriza por la "articulación de nociones como: currículo, pedagogía, didáctica, formación, educación, enseñanza, aprendizaje y evaluación; pero además contribuye a la configuración de procesos como la práctica y la teoría" (Ortiz, Sánchez y Sánchez, 2015, p. 185).

Para la configuración e identificación de un modelo pedagógico es importante, según Coll (1991), responder ciertas preguntas esenciales: ¿para qué enseñar?, ¿qué enseñar?, ¿cómo enseñar?, ¿cuándo enseñar?, y ¿qué?, ¿cómo y cuándo evaluar? La primera pregunta se refiere a las intencionalidades, propósitos, formulación de objetivos y ligados a los contenidos y secuencias curriculares que responden a la segunda pregunta. En la tercera pregunta es evidente la importancia de una metodología de enseñanza con la utilización de estrategias pedagógicas y didácticas determinadas para el tratamiento de las temáticas. La cuarta pregunta tiene que ver con la relación de los protagonistas del contexto educativo y sus funciones correspondientes. Por último ¿qué, ¿cómo y cuándo evaluar?, se refiere a la finalización de un proceso que permite la retroalimentación y el cumplimiento de los propósitos y objetivos plasmados en la primera pregunta (para qué enseñar).

Un modelo pedagógico tiene como componentes principales los propósitos que se pretenden, la metodología de enseñanza y el contexto educativo. Toda situación didáctica de cualquier modelo pedagógico "pasa por considerar tres componentes: saber, alumno y maestros. Existe por tanto la tendencia actual de poner énfasis en el proceso de formación y en la relación maestroalumno" (Pesantes, 2002, p. 2).

Esta investigación asume que el modelo pedagógico expresa una intencionalidad que orienta y dirige los procesos educacionales. Es una forma de concebir la propuesta educativa y la práctica de los procesos formativos en contextos diversos y variados, de concretar e instrumentar los propósitos y fines educativos. El modelo pedagógico establece la estrategia curricular para el desarrollo de las competencias y cumplimientos de objetivos, los contenidos y secuencias curriculares, los modelos y estrategias de enseñanza, de aprendizaje y de evaluación, los recursos didácticos y medios tecnológicos que apoyarán los procesos de enseñanza-aprendizajes, y sus funciones y tareas que desarrollarán los protagonistas de la educación en el proceso de formación.

2.6.3 Modelo pedagógico tradicional

El origen de este tipo de escuela coincide con la ruptura del orden feudal y con la constitución de estados nacionales y el surgimiento de la burguesía en el siglo XVII, en esta época aparecen los estados nacionales de la nueva clase revolucionaria, quien destruye todas las barreras que se oponen al avance científico y tecnológico.

La filosofía burguesa de esta escuela es el mantenimiento del orden y de la autoridad. El docente se proyecta como el representante del método "*orden*" y es, además, el genio del conocimiento y de la autoridad. Si todavía la escuela tradicional subsiste, es porque corresponde al modelo de sociedad que le dio origen. Un propósito noble de este modelo se sustenta en el principio de que el alumno tenga contacto con las más grandes realizaciones del arte, la cultura y la civilización. El predominio de este modelo subsiste en muchos establecimientos y es parte del repertorio de experiencias de muchos docentes.

Este modelo basado preferentemente en la imposición de la autoridad personal del maestro al alumno usa una metodología de trasmisión por la trasmisión del saber acumulado por los autores seleccionados. Para resistir el impacto, el alumno debe adquirir disciplina y tener las cualidades indispensables para ser el receptáculo de lo que la escuela le proporciona. La evaluación se da al final de la unidad o de periodos establecidos que son en esencia los únicos estadíos para la promoción (Pesantes, 2002, p. 3).

Las bases de esta escuela o los principios básicos que la rigen son el orden y la autoridad ya que es el fundamento de la práctica escolar; aquí el maestro es quien enseña, es quien tiene la autoridad, convirtiéndose en un guardián del orden y la disciplina, el responsable del aprendizaje del estudiante y el encargado de que se cumplan con las *obligaciones* que correspondan, por lo que el estudiante tiene que obedecer, pues no posee conocimientos, y por lo tanto, no tiene autoridad ya que esta se personifica en el maestro quien es dueño del conocimiento y el método, además, no debe olvidarse el papel maquiavélico del profesor como manipulador del saber y como transmisor de un conocimiento que sabe o no, está no sólo en declive o ya obsoleto.

Dentro de este modelo pedagógico tradicional, se identifican como características la problemática con los objetivos de aprendizaje; este modelo no le concede una importancia relevante debido a que los planes y programas de estudio los cubre de manera muy general, lo que puede generar por consecuencia que el profesor no tenga claros los propósitos que persigue en los cursos, y mucho menos los tendrá el alumno, ya que el aspecto de la intencionalidad de la enseñanza centra su atención en ciertas metas y propósitos de la institución y del profesor.

Otra característica se encuentra en los contenidos de enseñanza; este modelo se propone un listado de temas, capítulos o unidades, proceso que lleva al enciclopedismo, representado por un sinnúmero de conocimiento que el alumno tiene que memorizar, quedando fuera la comprensión e interpretación, para enrolarse en la repetición, por lo tanto, los contenidos no tienen la posibilidad de un análisis y discusión por parte del alumno y profesor.

Respecto a las actividades de aprendizaje, éstas se limitan al profesor en términos del uso de la exposición, ocasionando con esto que el estudiante asuma el papel de espectador. Los recursos de enseñanza de este modelo son escasos, entre los que sobresalen: notas, textos, láminas, carteles, gis, pizarrón, entre otros., empleados sin criterios teóricos claros que permitan su aplicación adecuada en cada situación de aprendizaje. Otro rasgo de este modelo es la evaluación del aprendizaje, donde la ponderación es considerada como una actividad terminal del proceso enseñanza aprendizaje, que sirve para la toma de decisiones y ver si el alumno aprendió o no aprendió.

Los elementos de este modelo pedagógico entre otros son el contenido, el proceso de enseñanza, la interacción con los estudiantes y la evaluación. En cuanto al contenido son que los conceptos de una disciplina son verdaderos e inmodificables, los contenidos disciplinares están establecidos en los textos y por tanto son independientes de la realidad de sus estudiantes.

En el proceso de enseñanza, las formas particulares de comunicar los contenidos en el aula se dan en dos actividades principales; una primera donde el docente debe enseñar los contenidos de forma verbal y expositiva, y una segunda cuando se brinda una clase bajo un régimen de disciplina a estudiantes que son básicamente receptores, donde el profesor dicta la lección a un estudiante que recibirá las informaciones y las normas transmitidas.

La interacción con los estudiantes; se concreta en la relación cotidiana con los estudiantes en donde el profesor es quien enseña y el estudiante es quien aprende y la autoridad en el aula se mantiene gracias al dominio de los contenidos por parte del profesor. Los criterios de organización y formas de proceder en el aula los define solamente el docente.

En el proceso de evaluación es donde se identifica el logro o no de las metas de la enseñanza, es un ejercicio de memorización de la información que se narra y expone para identificar los conceptos verdaderos e inmodificables que el estudiante aprende. Otra característica de esta actividad es que los contenidos de una disciplina se basan en los textos a partir de los cuales se desarrolló la enseñanza. Teniendo como resultado que el desempeño en las evaluaciones es independiente de la realidad que viven los estudiantes.

2.6.4 Modelo pedagógico conductista

El modelo conductista según Astolfi (1997), está basado en los estudios de Skinner y Pavlov sobre aprendizaje; enfatiza en los medios necesarios para llegar a un comportamiento esperado y verificar su obtención. El problema radica en que nada garantiza que el comportamiento externo corresponda con el mental. La limitación de los conductistas consistió en recuperar sólo el antes del comportamiento, para tratar de construir una psicología basada en el estímulo-respuesta. Este modelo pedagógico ha puesto énfasis en la reproducción del conocimiento a través de la trasmisión, el logro de los objetivos y la evaluación numérica de resultados obtenidos desde la observación de la conducta. Mientras haya calificaciones, va existir el modelo conductista, donde el alumno no persigue aprender, sino aprobar.

Los principios permanentes que aporta el conductismo son útiles, por ejemplo: aprender haciendo, la repetición y la frecuencia de la práctica, el reforzamiento, la generalización y la trasferencia, la asociación y la interrelación, la enseñanza individualizada, el énfasis en la planificación de la enseñanza para prever la estructura del contenido y la secuencia de los medios para el aprendizaje. Otro aspecto, la responsabilidad del control del ambiente del aprendizaje y la disciplina en el aula.

Los elementos de este modelo pedagógico entre otros son el contenido, el proceso de enseñanza, la interacción con los estudiantes y la evaluación. El contenido se refiere principalmente lo que es enseñable en una en una disciplina particular, en donde estos saberes deben estar caracterizados por la parcelación de saberes técnicos.

El proceso de enseñanza se refiere a las formas particulares de comunicar los contenidos en el aula; en donde el profesor debe realizar y estimular los logros alcanzados por sus estudiantes para alcanzar los objetivos; además, se debe animar permanentemente a sus estudiantes para que logren los objetivos que se les proponen, y se les debe recordar permanentemente aquellos objetivos que se deben alcanzar.

La interacción con los estudiantes se concreta en la relación cotidiana con los estudiantes; en donde el refuerzo es indispensable para que los alumnos los objetivos que se les han fijado, es importante premiar los logros de los alumnos con buenas calificaciones, anotaciones o felicitaciones, sin embargo, los premios y los estímulos deben ser proporcionales al logro de los alumnos.

En el proceso de evaluación del este modelo se considera el logro o no de las metas de enseñanza, es decir los resultados de dicha evaluación deben ser observables y medibles, sirve para controlar el logro o no de los objetivos de aprendizaje elaborados para los estudiantes, ésta debe ser permanente, pues señala la mayor o menor proximidad al logro de los objetivos instruccionales.

2.6.5 Modelo pedagógico romántico

El modelo pedagógico romántico, también conocido como experiencial o naturista, plantea que lo más importante para el desarrollo del niño es el interior, y esta interioridad se convierte en su eje central, en la meta y a la vez en el método de la educación.

Este modelo sostiene que el contenido más importante del desarrollo del niño es lo que procede de su interior y, por consiguiente, el centro, el eje de la educación es el interior del niño. El ambiente pedagógico debe ser muy flexible para que el niño despliegue su interioridad, sus cualidades y sus habilidades naturales en maduración y se proteja de lo inhibidor y nada auténtico que proviene del exterior cuando se le inculcan o trasmiten conocimientos que pueden quebrantar su espontaneidad. El desarrollo natural del niño se convierte por tanto en la meta y a la vez en el método de la educación (Pesantes, 2002).

Este modelo se fundamenta en las ideas filosóficas y pedagógicas de Rousseau (1998) presentadas en su obra Emilio de la Educación, y se identifica con la praxis con las propuestas de pedagogía no directiva implementadas por Neill en la escuela de Summerhill. La principal meta de una escuela debe ser auxiliar a sus alumnos para que sean capaces de encontrar la felicidad propia y es por eso que propone un modelo muy diferente al de las escuelas tradicionales, en las que según los teóricos de este modelo sólo se promueve una atmósfera de miedo. Inculcar a los niños principios altruistas antes de que sean capaces de asimilarlos sólo produce individuos hipócritas y miedosos, pues es a través del miedo como se intenta forzar el interés de alguien. Para que una persona sea feliz necesita primero ser libre para escoger su propio camino. Es por eso por lo que este modelo renuncia a la imposición de cualquier tipo de autoridad moral o jerárquica de hecho.

De Zubiría (1994) menciona que el modelo romántico rompe con el paradigma tradicional que explicaba el aprendizaje como el proceso de impresiones que, desde el exterior, se incrustan en el alumno. Por otro lado, Rodríguez y Sanz (1996) sostuvieron que este modelo resaltó el papel activo que debe tener el estudiante, transformó las funciones que debe asumir el profesor en el proceso educativo y mostró la necesidad y la posibilidad de cambios en el desarrollo del mismo. El modelo romántico equipara la educación con los procesos de desarrollo del individuo, y el concepto de crecimiento ha sido una de sus más importantes metáforas.

En este modelo, los logros del estudiante no requieren evaluación y no hay comparación con el desempeño de los demás, de modo que se prescinde de la calificación o de cualquier otra forma de medición. Premios y distinciones son rechazados porque desvían el desarrollo normal de la personalidad. Se asume que el niño es innatamente juicioso y realista; por naturaleza, es un ser bueno, dotado de una natural capacidad de autocontrol. El niño tiene suficientes recursos para hacerse él mismo plenamente persona, por lo que las interferencias de los adultos no son positivas.

Los elementos de este modelo pedagógico entre otros son el contenido, el proceso de enseñanza, la interacción con los estudiantes y la evaluación. En el contenido se identifica lo que es enseñable en una disciplina particular y proviene de lo que el estudiante informa al profesor desde sus campos de interés para el aprendizaje, cada estudiante tiene sus propias inquietudes e intereses de aprendizaje y por ellas el profesor debe orientar su tarea de enseñanza, donde el estudiante aprenda solo aquello que le interesa y necesita.

En proceso de enseñanza se refiere a las formas particulares de comunicar los contenidos en el aula. Es la capacidad de desarrollar sus propios métodos y estrategias de aprendizaje de manera natural: todo aprendizaje debe desarrollarse dentro de un marco de máxima autenticidad y libertad individual por parte del estudiante. El profesor es un facilitador para el aprendizaje de los temas de interés del estudiante, ayuda al estudiante a profundizar en los temas que para el mismo estudiante son de suma importancia para su formación.

La evaluación es inútil en este modelo cuando se entiende que los aprendizajes son personales y por lo tanto pueden confirmarse o refutarse; de manera que cuando el estudiante está totalmente interesado en su propia formación, la evaluación se vuelve innecesaria.

2.6.6 Modelo pedagógica constructivista

El constructivismo tiene sus raíces en la filosofía, la psicología, sociología y la educación. "El verbo construir proviene del latín *struere*, que significa 'arreglar' o 'dar estructura'. El principio básico de esta teoría proviene justo de su significado, ya que la idea central es que el aprendizaje humano se construye, porque es la mente de las personas la que elabora nuevos conocimientos a partir de la base de conocimientos anteriores" (Hernández, 2008, p. 27); de otra manera, la información nueva que procesaramos no tendría sentido, y por lo tanto, entre más conocemos, más podemos aprender.

Para el constructivismo, la enseñanza no es una simple transmisión de conocimientos, es una tarea de organización de métodos de apoyo y situaciones de aprendizaje que permiten a los alumnos construir su propio saber. No se aprende sólo registrando en el cerebro. Se aprende construyendo la propia estructura cognitiva. Esta teoría se fundamenta primordialmente en los estudios de Vigotsky, Piaget y Ausubel quienes realizaron investigaciones en el campo de la construcción del conocimiento. El constructivismo no es magia, sino una simple descripción del proceder nato del cerebro cuando aprende.

El paradigma constructivista comienza a desarrollarse en la década de los años veinte en el siglo XX en los trabajos del eminente psicólogo y epistemólogo suizo Jean Piaget, quien casi no necesita presentación. Jean William Fritz Piaget nace en Suiza en 1896, donde se formó inicialmente como biólogo y desde muy pequeño mostró intereses científicos muy distinguidos. A modo de ejemplo, se puede mencionar que a los once años publicó su primer artículo científico. Piaget constituyó un antecedente muy significativo en la historia de la educación con respecto a una biología del conocimiento. La obra de Piaget es conocida y sigue siendo estudiada hoy en día por muchos psicólogos y educadores; dos de sus concepciones fundamentales de su teoría son la de asimilación y la de acomodación. La epistemología propuesta y desarrollada por Piaget sustenta que las estructuras de la cognición humana se desarrollan a partir de la génesis de alguna estructura anterior: por medio de procesos de transformación constructivas, las estructuras más simples van siendo incorporadas en otras de orden superior. En este sentido que esta epistemología es llamada genética, no en el sentido de la disciplina biológica que estudia a los genes, como algunas veces se confunde (Rosas y Sebastián, 2008).

Según Pesantes (2002) el constructivismo tiene cuatro corrientes:

1. Donde cada individuo accede progresiva y secuencialmente a la etapa superior de su desarrollo intelectual de acuerdo con las necesidades y condiciones particulares apoyándose en la experiencia.

2. Opta por la preocupación del contenido de la enseñanza aprendizaje y privilegia los conceptos y estructuras básicas de la ciencia por ser un material de alta complejidad capaz de desatar la capacidad intelectual del alumno, y el maestro comienza a enseñarle como un aprendiz de científico.

3. Se prefiere orientar la enseñanza y el currículo hacia la formación de ciertas habilidades cognitivas que se consideran más importantes que el contenido.

4. Basa la enseñanza en la interacción y la comunicación de los alumnos y en el debate y crítica argumentativa del grupo para

lograr resultados cognitivos y éticos y soluciones a los problemas reales comunitarios mediante la interacción teórico-práctica.

Lo anterior sugiere que los alumnos no son receptores pasivos y estáticos lo que reciben sino que lo reinterpretan desde su interior; lo leen con sus propios esquemas dando como resultado su propia construcción de la realidad y que para ser efectiva debe corresponder con la verdad. Es un principio básico del proceso mnémico humano, lo que quiere decir que siempre ha estado ahí, solo que con estos hallazgos se empezó a ver la luz de estos efectos de la mente.

Para fines de este apartado, tal vez sea conveniente hacer una breve síntesis de las etapas del desarrollo planteadas por Piaget (1976):

1. Etapa sensorio motriz (cero a dos años): cuyo máximo logro es la adquisición de la función simbólica o capacidad de representar el mundo externo por medio de símbolos.
2. Etapa preoperacional (dos a siete años): cuyo máximo logro es la preparación, a partir del ejercicio activo del uso de símbolos, para la adquisición de las "operaciones mentales", las que son descritas por Piaget como estructuras cognitivas que le permiten al individuo operar en el ambiente de manera lógica y reversible.
3. Etapa de las operaciones concretas (siete a doce años): caracterizada por el ejercicio de la lógica en la acción del individuo con los objetos de su entorno.
4. Etapa de las operaciones formales (a partir de los doce años): caracterizada por la posibilidad del individuo de operar en el ambiente de manera hipotético-deductiva, aun en ausencia de experimentación práctica. (Rosas y Sebastián, 2010, p. 27).

Por su parte Vygotsky (1979) alude a cuatro grandes criterios que permiten diferenciar de modo general entre procesos psicológicos elementales y superiores (Rosas y Sebastián, 2010).

a) El primero de ellos muestra la relación con la vía de control de unos y otros. Los procesos psicológicos elementales son controlados automáticamente por el entorno, y los procesos superiores se caracterizan por una autorregulación por parte del individuo, la cual descansa en la creación y utilización de estímulos artificiales que se transforman en los gatillantes inmediatos de la conducta.

b) Directamente ligado con lo anterior, se puede afirmar que los procesos psicológicos superiores tienen un alto nivel de regulación consciente, o por lo menos lo necesitaron en su origen (aun cuando luego, por vía de la utilización repetida del mecanismo este se haya "automatizado", requiriendo posteriormente una menor cantidad de recursos conscientes).

c) Un tercer aspecto que caracteriza diferencialmente a los procesos psicológicos superiores es su naturaleza lo que llevaría a la aparición de los procesos superiores, sino la participación de los seres humanos en contextos de relaciones sociales directas en pequeños grupos o diadas.

d) En la concepción vigotskiana, "el control voluntario, la realización consciente y la naturaleza social de los procesos superiores presuponen la existencia de herramientas psicológicas o signos, que pueden ser utilizados para controlar la actividad propia y de los demás" (Wertsch, 1985).

La incorporación de estas herramientas psicológicas (de origen social) es lo que se define como mediación semiótica, proceso que corresponde a la característica principal de funcionamiento intelectual propiamente humano, dentro del enfoque de la psicología socio-histórica de Vygotsky.

Para Vygotsky (1979) existe un periodo inicial en el desarrollo del niño que está fuertemente marcado por la línea natural. Desde los cero a los dieciocho a veinte meses de edad, se puede observar el desarrollo de una inteligencia práctica, perfectamente análoga a la de los chimpancés, la cual incluye tanto capacidades perceptivas como motrices que les permiten resolver exitosamente tareas complejas que están dentro de su campo perceptivo y de los límites de su envergadura corporal.

Para Vygotsky, la finalidad de la educación es la internalización de herramientas semióticas y compartir comunidad de sentido, para Piaget (1976) es el desarrollo del juicio moral y del pensamiento científico como operaciones formales.

El ambiente de aprendizaje constructivista se puede diferenciar por ocho características: 1) el aprendizaje provee a las personas del contacto con múltiples representaciones de la realidad; 2) las múltiples representaciones de la realidad evaden las simplificaciones y representan la complejidad del mundo real; 3) el aprendizaje enfatiza en construir un conocimiento dentro de la reproducción del mismo; 4) el aprendizaje resalta tareas auténticas de una manera significativa en el contexto en lugar de instrucciones abstractas fuera del contexto; 5) el aprendizaje proporciona entornos de aprendizaje como entornos de la vida diaria o casos basados en el aprendizaje en lugar de una secuencia predeterminada de instrucciones; 6) los entornos de aprendizaje fomentan la reflexión en la experiencia; 7) los entornos de aprendizaje constructivista permiten un contexto y el contenido dependiente de la construcción del conocimiento; 8) los entornos de aprendizaje constructivista apoyan la "construcción colaborativa del aprendizaje, a través de la negociación social, no de la competición entre los estudiantes para obtener apreciación y conocimiento" (Jonassen, 1994) citado por (Hernández, 2008, p. 28).

Otros elementos de este modelo pedagógico son el contenido, el proceso de enseñanza, la interacción con los estudiantes y la evaluación. El contenido se refiere principalmente a lo que es enseñable en una disciplina particular; donde los contenidos curriculares deben ser acordes con los niveles de desarrollo de los alumnos, éstos deben reconceptualizar de manera permanente, y también se deben ajustar a las modificaciones sucesivas de las estructuras cognoscitivas.

En el proceso de enseñanza se refiere a las formas particulares de comunicar esos contenidos en el aula en donde todo aprendizaje debe ser realmente significativo y partir de la autonomía del alumno para construir su propio conocimiento; el docente es por esencia, un creador de ambientes y experiencias en las cuales el alumno desarrolla nuevas estructuras de conocimiento, además debe de acompañar a los estudiantes en la identificación de problemas que se transformen en retos cada vez más complejos mediante procesos a partir de los cuales se producen futuras modificaciones en las estructuras cognoscitivas.

La indagación guiada está basada en un enfoque constructivista del aprendizaje que sostiene que el conocimiento es el resultado de la interacción entre la nueva información y la información previa, construyendo modelos para interpretar la nueva información y no solo recibirla; significa que cada individuo tiene que construir su propio conocimiento y no puede quedarse solo con recibir lo ya elaborado por otros. A esto también se le conoce como aprendizaje significativo (Gastón Bachelard, 1884 -1962) citado por (Latorre, 2015, p. 1).

La indagación guiada no es un "método" para hacer ciencia; es una manera de trabajar en el aula donde se trabaja con una primera etapa obligatoria, --de una secuencia fija y lineal--, que es aquella en la que cada uno de los estudiantes formula preguntas sobre un tema para poder investigarlo. Es "una aproximación" a los temas y problemas escogidos, en los cuales se promueve formular preguntas reales por cualquier estudiante que tiene ansia de saber. De manera igualmente importante, --como garantía de calidad de una aproximación a la indagación-- todas las respuestas tentativas se toman en cuenta seriamente y se investigan tan rigurosamente como las circunstancias lo permitan" (Wells, Gordon, 2001, citado por Latorre, 2015, p. 3).

La interacción con los estudiantes se refiere a la relación cotidiana con los estudiantes en donde el profesor debe acompañar a los alumnos para que progresen de un estado cognitivo a otro relacionado con determinados temas por aprender; también es el responsable de crear ambientes y experiencias para que los estudiantes realicen sus propios aprendizajes por descubrimiento, también deberá permitir y seguir en sus estudiantes los niveles de desarrollo y la revalidación de sus propios conocimientos y estructuras cognitivas.

En el proceso de evaluación se considera el logro o no de las metas de enseñanza, aquí se evalúa el progreso de la complejidad de pensamiento de los estudiantes haciendo permanentes retroalimentaciones del proceso de aprendizaje, aquí cuando un estudiante formula nuevas hipótesis o nuevos sentidos, se puede afirmar que está realizando procesos de pensamiento más complejos.

2.6.7 Modelo pedagógico por competencias

Etimológicamente, la palabra competencia significa ser capaz y estar autorizado legalmente, y competencia, capacidad, aptitud y permiso. El uso en Europa occidental de los términos competencia y aptitud se remonta al siglo XVI. En griego clásico el equivalente del término competencia es *ikanotis*, cualidad de ser capaz (*ikanos*), tener capacidad para hacer algo, aptitud (Mulder, 2007, p. 8).

En la voz latina, según Núñez, Palacios, Vigo y Arnao (2014) encontraron dos significados diferentes de la palabra competencia:

relativo a la palabra castellana expresa en el verbo "competir", ganar, salir victorioso, (coincide con el significado de la voz griega) y el otro sentido relacionado a hacerse responsable de algo, capacidad, habilidad, pericia en un ámbito de su jurisdicción al cual generalmente se le asigna un saber. Esto hace que el término competencias tenga diferentes acepciones como producto de que esta palabra se origina en dos verbos diferentes: competir y competer o ser competente (p. 14).

Las competencias en el campo de la educación "se refieren a la capacidad que tiene un estudiante para afrontar con garantías situaciones problemáticas en un contexto académico o profesional determinado" (De Miguel, 2005, p. 24). Formar en competencias es "formar en y para la acción, en la toma de decisiones para convertir el saber sabio en saber práctico" (Ávila, López y Fernández, 2007, p. 14-15).

Para Tobón (2010) la formación basada en competencias constituye una propuesta que parte del aprendizaje autónomo y significativo y se orienta a la formación humana integral. Como condición esencial de todo proyecto pedagógico, orienta la formación y el afianzamiento del proyecto ético de vida.

Las competencias se refieren a la "articulación de los tres saberes: saber ser, saber conocer, saber hacer, que convergen en el saber vivir en un determinado contexto. La competencia está dentro de la persona (los objetivos generalmente están fuera del sujeto), y se expresa a través de actuaciones íntegras al movilizar los saberes, al poner en juego sus capacidades, habilidades, destrezas, valores, actitudes, virtudes y la voluntad" (Núñez *et al.*, 2014, p. 17).

Las competencias en el modelo pedagógico se basan en la descripción de la representación mental de una persona en cierto dominio del conocimiento y se puede definir para el ámbito educativo, en cuestiones de operación, como varias formas de comportamiento los cuales conforman el universo de habilidades y estrategias didácticas necesarias o prácticas para un eficiente y eficaz desempeño profesional docente (Pilonieta, 2006).

¿Cuál es el origen de las competencias? ¿Por qué hablar de competencias en el ámbito de la educación? El origen de las competencias tiene sus antecedentes en el ámbito empresarial a principios de la década de los setenta (Zabala y Arnaut, 2007). Las competencias surgen en el contexto del modelo económico neoliberal.

El modelo económico neoliberal y sus efectos como la globalización, las sociedades de la información y del conocimiento, que habían propiciado las competencias en el mundo empresarial, más tarde lograron extenderse al ámbito de la educación. Los países reconocieron la necesidad de generar nuevas formas de educar a la sociedad en los distintos sistemas educativos, por lo que acordaron transitar al nuevo modelo educativo por competencias.

Las políticas formuladas como parte del Acuerdo de Bolonia, el Proyecto Tuning y la UNESCO, han sido considerados como referentes metodológicos por las universidades que han incorporado en sus modelos pedagógicos el enfoque educativo por competencias.

El Acuerdo de Bolonia es uno de los tratados más importantes en Europa en materia educativa, en el marco de este acuerdo aparece la necesidad de establecer las competencias. Considerando que las competencias son necesarias para "afrontar los retos del nuevo milenio, junto con una conciencia de compartición de valores y pertenencia a un espacio social y cultural común" (Espacio Europeo de Enseñanza Superior, 1999, p.1). Para estandarizar las competencias se estableció entre otros proyectos, el Proyecto Tuning.

El Proyecto Tuning en Europa trajo consigo la implementación de las competencias dentro del curriculum universitario, haciendo una clara distinción entre las genéricas y específicas de las áreas de las distintas disciplinas de formación profesional. En América Latina y el Caribe fue impulsado como proyecto independiente, impulsado y coordinado por universidades de distintos países, tanto latinoamericanos como europeos que surge en un contexto de intensa reflexión sobre educación superior tanto a nivel regional como internacional.

El Proyecto Tuning busca establecer las competencias para cada profesión, teniendo como meta "impulsar consensos a escala regional sobre la forma de entender los títulos, desde el punto de vista de las competencias que los poseedores de dichos títulos serían capaces de alcanzar" (Tuning-América Latina, 2007, p. 15). Actualmente han sido algunos programas educativos universitarios de distintas universidades de la región las que se han incorporado a este proyecto.

Hasta finales de 2004 Tuning había sido una experiencia exclusiva de Europa que inició sus trabajos en 2001 con la intención de crear un Espacio Europeo de Educación Superior, como respuesta al desafío planteado por la Declaración de Bolonia. Hoy Tuning, más que un proyecto se ha convertido en un referente de metodología internacionalmente reconocida.

El Informe del Proyecto Tuning (2003) citado por Gairín, Armengol, García, Rodríguez y Cale (2009, p. 13) acentuó en tres grandes factores que explican el interés de desarrollar las competencias en la formación profesional: 1. la necesidad de mejorar la ocupabilidad de los graduados en la nueva sociedad del conocimiento, 2. la necesidad de establecer referentes comunes para las titulaciones, y 3. un nuevo paradigma educativo: centrado en el aprendizaje de los estudiantes y con mayor énfasis en los resultados u objetivos de la enseñanza.

La UNESCO reconoció la importancia de concebir la educación como un todo, como un proceso permanente a lo largo de toda la vida, que sea flexible, diversa y accesible, estructurada en cuatro aprendizajes fundamentales considerados como pilares del conocimiento (Delors, 1996, p. 34) aprender a conocer, aprender a hacer, aprender a vivir juntos, aprender a ser.

1. Aprender a conocer, combinando una cultura general suficientemente amplia con la posibilidad de profundizar los conocimientos en un pequeño número de materias. Lo que supone, además: aprender a aprender para poder aprovechar las posibilidades que ofrece la educación a lo largo de la vida.
2. Aprender a hacer a fin de adquirir no sólo una calificación profesional sino, más generalmente, una competencia que capacite al individuo para hacer frente a gran número de situaciones y a trabajar en equipo. Pero, también, aprender a hacer en el marco de las distintas experiencias y los variados contextos sociales y laborales.
3. Aprender a vivir juntos desarrollando la comprensión del otro y la percepción de las formas de interdependencia respetando los valores de pluralismo, comprensión mutua y paz.
4. Aprender a ser para que florezca mejor la propia personalidad y se esté en condiciones de obrar con creciente capacidad de autonomía, de juicio y de responsabilidad personal.

Estos aprendizajes fundamentales son los pilares del conocimiento que orientarán la arquitectura, el diseño y desarrollo de las competencias en la educación, formación y desarrollo integral de las personas.

La UNESCO (2005) estableció la necesidad de transitar de una sociedad donde los individuos tiene la información al alcance de su mano a una sociedad donde el conocimiento se considera una riqueza para el desarrollo social y crecimiento económico. El nuevo modelo educativo a desarrollar, requiere ser organizado e implementado con base en el concepto de competencias, entendiéndolo como la combinación de destrezas, conocimientos, aptitudes y actitudes, y a la inclusión de la disposición para aprender además del saber cómo, posibilitándose que el educando pueda generar un capital cultural o desarrollo personal, un capital social que incluye la participación ciudadana, y un capital humano o capacidad para ser productivo (Dirección General de Educación y Cultura de la Comisión Europea, 2004).

El nuevo modelo educativo según García (2011) requiere de una estructura curricular que potencie el desarrollo de las competencias tanto a nivel individual como colectivo, sin que ello conlleve a forzar a los sujetos a realizar o asumir tareas para las que no estén aptos. El profesor de educación superior en este nuevo modelo educativo "enseña mientras aprende, orienta mientras colabora, desarrolla mientras investiga, lidera mientras participa, utiliza aptitudes críticas mientras las expande constantemente, crea futuro mientras actúa en el presente" (Carneiro, 2006) citado por (Chong y Castañeda, 2012, p. 3).

Adicional a estos proyectos internacionales, las universidades de la región han comprendido la importancia de las competencias en la formación de profesionales y su relación con el mercado de trabajo. En este marco, se han realizado reformas curriculares en algunas universidades a manera de cambiar el modelo educativo e incorporar las competencias en todos o ciertos programas educativos. Además, sigue latente la discusión entre los académicos acerca de este modelo en algunas carreras profesionales como las que se desprenden de las ciencias sociales y humanidades, cuestionando el origen del modelo y los fines que persigue en la educación.

Las exigencias para los gobiernos, sistemas educativos y jóvenes son cada vez más elevadas, debido a que la sociedad y el mundo laboral se encuentran en constante transformación. En el mundo de las competencias, desarrollar y demostrar las habilidades resulta ser uno de los puntos más importantes para incrementar las oportunidades de acceso en el mercado de trabajo.

En México, el Programa Sectorial de Educación 2007-2012, estableció como objetivos: ampliar las competencias para la vida y favorecer su inserción en la sociedad del conocimiento (Objetivo 3); ofrecer una educación integral que equilibre la formación en valores ciudadanos, el desarrollo de competencias y la adquisición de conocimientos para fortalecer la convivencia democrática e intercultural (Objetivo 4). El Programa Sectorial de Educación 2013-2018, reconoce que la educación superior debe estar orientada al logro de las competencias que se requieren para el desarrollo democrático, social y económico del país. Es en la educación superior que cada estudiante debe lograr un sólido dominio de las disciplinas y valores correspondientes a las distintas profesiones.

Frente al planteamiento del modelo por competencias han surgido algunos cuestionamientos en relación con el origen y la adaptación que se hace a la educación, las pretensiones del modelo en la formación de los profesionales y en el beneficio social. El modelo de competencias "puede tener algunos problemas como la formación de los docentes para que dominen el enfoque, por otro lado, puede tener beneficios sobre todo porque el alumno puede llegar a tener otra manera de aprender en el proceso enseñanza aprendizaje, habilidad que puede impactar en la solución de problemas de la vida real" (Chong y Castañeda, 2012, p. 2-3).

2.6.7.1 Las competencias y su incorporación en el modelo pedagógico de las ciencias sociales

A lo largo de la historia de las universidades, la didáctica de las ciencias se ha dado de manera distinta, en la mayoría de los casos atendiendo a las necesidades del contexto y en general alineándose a las fuerzas de poder que mueven la economía de las naciones. En México, los planes de desarrollo federal, estatal y municipal, los programas sectoriales y estatales de la educación, los planes de desarrollo de las universidades han asumido el modelo por competencias como un referente para la formación profesional.

En la historia de la enseñanza de las ciencias sociales han predominado diversos enfoques como la pedagogía tradicional, el conductismo, cognoscitivismo, constructivismo y el enfoque por competencias. La intención de enseñar las ciencias sociales basado en el enfoque por competencias ha generado diversos cuestionamientos:

¿debe haber un solo modelo pedagógico/didáctico en las ciencias sociales y por qué? ¿es el modelo pedagógico por competencias es el modelo que se debería implementar para todas las ciencias sociales? ¿qué ventajas reales tiene el modelo por competencias en la enseñanza de las ciencias sociales y cuáles serían tales ventajas? ¿la implementación de este modelo tiene la misma validez y la eficacia en su aplicación para cualquiera de las ciencias sociales? ¿hay estudios específicos que muestren la eficacia de su aplicación las distintas ciencias sociales? ¿se podrían dar ejemplos de experiencias de lugares en los que se ha implementado el modelo por competencia y éste ha funcionado?

En el contexto de la educación superior, particularmente de las universidades, se establece el modelo educativo que orientará la práctica educativa de los docentes. No obstante, en apego a la autonomía universitaria y libertad de cátedra, las academias pueden generar debates o asumir posturas en torno al modelo pedagógico.

El modelo por competencias no es el único ni el mejor modelo pedagógico para la enseñanza de las ciencias sociales, en realidad se puede recuperar algunos aspectos de los modelos existentes. Quizá el mejor modelo pedagógico para las ciencias sociales provenga de un modelo ecléctico o también llamado hibrido. En apego a la misma esencia de la didáctica no puede existir una didáctica exclusiva para las ciencias sociales, aunque exista un modelo pedagógico institucionalizado. Existen aspectos básicos de la didáctica que deben ser implementados en la enseñanza de las ciencias sociales según campo del conocimiento, área de especialización, contexto social y situación específica.

El modelo por competencias puede ser visto como una forma de mejorar la enseñanza de las ciencias sociales. La enseñanza de las ciencias sociales puede fundamentarse en cualquier modelo pedagógico, sin embargo, no debe desvincularse del modelo educativo que asume la institución y de los referentes metodológicos de su disciplina. El modelo por competencias no representa un enemigo para la labor de quién trabaja en las ciencias sociales, por el contrario, puede al igual que otros modelos pedagógicos contribuir a mejorar su enseñanza.

Algunas de las ventajas que tiene el modelo por competencias en el proceso de enseñanza-aprendizaje de las ciencias sociales, de acuerdo con González (2007, p. 27-29):

- Son más flexibles a la hora de admitir caminos diversos para alcanzar un horizonte común. Sin embargo, el elemento crucial y las competencias en las que pueden coincidir todas es el conocimiento y comprensión profundo de los espacios y el impacto que esto tiene para el desarrollo de las sociedades.
- Parece frecuente que el aprendizaje de las ciencias sociales no es solo relevante para carreras específicas de la disciplina. Existe una presencia significativa de competencias de las ciencias sociales no sólo en carreras específicas sino como componentes complementarias de otras áreas.
- Podría observarse que la amplitud en la concepción de lo que constituye cada una de las áreas de las ciencias sociales hace necesario una comprensión de las raíces de las mismas a la vez que una conexión muy fluida con la realidad.
- Las competencias que permiten desarrollar puntos de conexión entre los mismos, a la vez que la capacidad de comprender lo diverso y saber relacionarlo.
- Como estas ciencias tienen a la sociedad como base de su estudio son áreas específicamente sensibles a la rapidez de los cambios y la necesidad de actualizar continuamente los conocimientos. Esto hace que un sistema basado en competencias sea particularmente apropiado para estas ciencias dada la velocidad de las transformaciones sociales y la necesidad de ser capaces de incluir dichos conocimientos, manejarlos y ponerlos al día.
- Las competencias de las ciencias sociales deberían de centrarse, con los matices específicos de cada ciencia, en un conocimiento y comprensión de los ejes que permitan la lectura y el entendimiento de distintas sociedades.
- Si para todas las ciencias la necesidad de seguir aprendiendo es crucial, para las ciencias sociales es de suma relevancia ya que el objeto y sentido de la misma está en la sociedad y el individuo.
- Finalmente, el indicador de capacidad de comunicarse en diferentes niveles y situaciones parece ser una competencia muy relevante para quien tiene que transmitir los contextos y las distintas situaciones en los grupos sociales.

Existen experiencias de instituciones que han incorporado las competencias con éxito en la formación profesional, como es el caso de "la Universidad de Deusio, en el contexto europeo una de las pioneras del proyecto Tuning Europa, y la Escuela Politécnica de Montreal, Canadá en el contexto norteamericano" (Núñez *et al.*, 2014, p. 9).

En América Latina, incluyendo en México, existen algunos ejemplos de experiencias en los que se ha implementado el modelo pedagógico por competencias. Desde el año 2003 el Proyecto Tuning se extendió para América Latina y el Caribe, logrando ser aceptado por diversos países. Actualmente, el Proyecto Tuning cuenta con la participación de 173 universidades de 19 países que se encuentran trabajando por competencias en 12 áreas temáticas, tales como: Administración de Empresas, Arquitectura, Derecho, Educación, Enfermería, Física, Geología, Historia, Ingeniería Civil, Matemáticas, Medicina y Química para un total de 198 programas educativos de educación superior que tienen como base el modelo pedagógico por competencias.

En el caso de México, participan 17 universidades que trabajan en las 12 áreas temáticas ya mencionadas anteriormente, para ser un total de 17 licenciaturas con modelo pedagógico por competencias. Los programas educativos de ciencias sociales que trabajan con el modelo por competencias mediante el Proyecto Tuning son: la Licenciatura en Derecho por la Universidad de Guadalajara, la Licenciatura en Derecho por la Universidad de Colima, la Licenciatura en Historia por la Benemérita Universidad Autónoma de Puebla y la Licenciatura en Historia por la Universidad Autónoma de Yucatán.

2.6.7.2 Competencias en la didáctica de las ciencias sociales

¿Cuáles son las competencias docentes en la educación superior y cuáles son las competencias de los docentes de las ciencias sociales? Las competencias del docente para el nivel superior de acuerdo con Zabalza (2003) consiste en: 1. planificar proceso de enseñanza y aprendizaje, 2. seleccionar contenidos, 3. ofrecer informaciones y explicaciones, 4. manejar nuevas tecnologías, 5. diseñar metodología y organizar actividades, 6. comunicarse con los estudiantes, 7. Tutorizar, 8. Evaluar, 9. reflexionar e investigar sobre la enseñanza, e 10. identificarse con la institución y trabajar en equipo.

Las competencias docentes según Perrenoud (2004) requiere de: 1. organizar y animar las situaciones de aprendizaje, 2. gestionar la progresión de los aprendizajes, 3. elaborar y hacer evolucionar dispositivos de diferenciación, 4. implicar a los alumnos en sus aprendizajes, 5. trabajar en equipo, 6. participar en la gestión escolar, 7. informar e implicar a los padres, 8. utilizar las nuevas tecnologías, 9. afrontar los deberes y dilemas éticos de la profesión, y 10. organizar la propia formación continua.

Desde la perspectiva de las inteligencias múltiples las competencias docentes según Frade (2009) comprende en su fase 1. cognitiva: adquirir el conocimiento que necesita el profesor para el desarrollo de los contenidos, 2. ética: tomar decisiones por parte de los docentes sobre su compromiso ante la sociedad, 3. lógica: organizar el contenido de la enseñanza de una manera lógica secuencial, 4. empática: entender a los alumnos en tres diferentes planos: afectivo, cognitivo y psicomotriz, 5. comunicativa: lograr la mediación entre el aprendizaje y la enseñanza, utilizar los diferentes tipos de lenguaje que posibiliten al estudiante de apropiarse del conocimiento, 6. lúdica: diseñar y aplicar diversas estrategias de enseñanza-aprendizaje, y 7. metacognitiva: evaluar el proceso enseñanza y aprendizaje en dos vías hacia los alumnos y a su propio desempeño docente.

Las competencias en la didáctica de las ciencias sociales, según Albacete, Miralles y Delgado (2007), en sus dimensiones del saber, saber hacer y saber ser comprenden: el dominio de la materia y la didáctica de la disciplina de las ciencias sociales para enseñar dicha asignatura; conocimiento de la relación interdisciplinar entre las ciencias sociales y la didáctica; capacidad de planeación-evaluación de los procesos de enseñanza y aprendizaje; fomento la lectura y el comentario crítico de los diversos textos incorporados en el currículum escolar; capacidad para promover el aprendizaje autónomo y cooperativo; aplicación en las aulas las tecnologías de la información y la comunicación; capacidad para seleccionar la información audiovisual que contribuya a la formación cívica y a la riqueza cultural; capacidad para fomentar convivencia en el aula y fuera de ella; así como capacidad para resolver problemas propios de la disciplina y contribuir a la resolución pacífica de conflictos (Tabla 1).

Tabla 1: *Competencias de la didáctica de las ciencias sociales.*

	COMPETENCIAS GENERALES	COMPETENCIAS ESPECÍFICAS Y ESPECÍFICAS PROPIAS
SABER	Dominar las materias que se han de enseñar y las didácticas correspondientes, así como la relación interdisciplinar entre ellas.	• Tomar conciencia de las finalidades de la enseñanza de las ciencias sociales. • Conocer el marco teórico y conceptual actual de las ciencias sociales y sus implicaciones en la enseñanza. • Conocer las bases epistemológicas y metodológicas de la Didáctica de las Ciencias Sociales como disciplina científica y principales métodos y líneas • de investigación. • Reflexionar sobre los distintos modelos de enseñanza analizados desde una perspectiva crítica. • Conocer y analizar e interpretar el currículo oficial de ciencias sociales (objetivos, contenidos, metodología y evaluación). • Fundamentar de forma teórico-práctica los contenidos relacionados con los ámbitos espaciales y temporales.
	Diseñar, planificar y evaluar procesos de enseñanza y aprendizaje.	• Analizar el decreto de currículo y programaciones de etapa y ciclo desde el punto de vista de las ciencias sociales. • Dominar estrategias y recursos metodológicos, técnicas, medios, materiales y distintos tipos de actividades para trabajar los contenidos sociales. • Diseñar y elaborar actividades y materiales para la enseñanza-aprendizaje de las ciencias sociales. • Adquirir las nociones básicas para la evaluación de los contenidos sociales, tanto en lo referente a la evaluación del aprendizaje del alumnado como de la práctica docente.
	Fomentar la lectura y el comentario crítico de textos de los diversos dominios científicos y culturales contenidos en el currículo escolar.	• Comentar de forma crítica lecturas relacionadas con la historia, la geografía y demás ciencias sociales. • Comparar y analizar libros de texto escolares con el fin de identificar los diferentes modelos didácticos.
	Adquirir hábitos y destrezas para el aprendizaje autónomo y cooperativo y promoverlo en los alumnos.	• Realizar actividades prácticas en grupo y participar en discusiones y debates con una actitud crítica constructiva y tolerante, fundamentando adecuadamente las opiniones y propuestas y valorando la discrepancia y el diálogo como una vía importante en la formación personal.

Conocer y aplicar en las aulas las tecnologías de la información y la comunicación.	• Saber realizar búsquedas a través de Internet para la obtención de materiales e información relacionados con los contenidos de la asignatura. • Saber integrar las tecnologías de la información y la comunicación en la enseñanza de las ciencias sociales.
Seleccionar la información audiovisual que contribuya a la formación cívica y a la riqueza cultural.	• Obtener y contrastar información a través de distintas fuentes, tratarla de manera autónoma y crítica y tener capacidad de comunicarla a los demás con rigor y de forma clara y organizada.
Fomentar la convivencia en el aula y fuera de ella, resolver problemas de disciplina y contribuir a la resolución pacífica de conflictos.	• Fomentar la educación democrática de la ciudadanía y la práctica del pensamiento social crítico. • Desarrollar la conciencia de pertenecer a distintos ámbitos espaciales en sus aspectos socioeconómico, político y cultural. • Fomentar una actitud abierta, tolerante y solidaria.

(columna lateral: SABER SER Y ESTAR)

Fuente: Albacete, Miralles y Delgado (2007). Hacia un nuevo modelo profesional basado en las competencias aplicado a la formación de maestros de educación primaria. España: Asociación Universitaria de Profesores de Didáctica de las Ciencias Sociales – Ikur, 109-110.

Por su parte, González (2007) afirma que las competencias en la enseñanza de las ciencias sociales requieren de:

- Comprensión profunda de los espacios y el impacto que esto tiene para el desarrollo de las sociedades,
- Capacidad de comprender una sociedad en el tiempo, comprensión de las raíces de las ciencias sociales a la vez que una conexión muy fluida con la realidad,
- Capacidad de comprender lo diverso y saber relacionarlo,
- Capacidad para actualizarse continuamente en los conocimientos por la constante rapidez de los cambios sociales y ponerlos al día en clases,
- Conocimiento de intervención social y de capacidad de juicio críticos del desarrollo de las sociedades,
- Capacidad para aprender permanente y actualizarse,
- Capacidad de comunicarse en diferentes niveles y situaciones, y
- Capacidad de comunicarse, comprender y valorar distintas lenguas, costumbres y culturas.

2.7 Estrategias didácticas utilizadas en la enseñanza de las ciencias sociales

La palabra estrategia se deriva del griego estrategos que significa rango militar, específicamente en lo relacionado con el carácter y la acción de mando. En la evolución de su significado, también se la ha asociado con tareas administrativas y más recientemente, como un sistema de gobierno. En educación, este término ha sido ampliamente utilizado en las tareas administrativas y de planeación; en el aula, cobra vigencia desde el enfoque didáctico.

La didáctica de las ciencias sociales puede ser entendida como una "disciplina teórico-práctica que permite al docente encontrar la estrategia y los medios técnicos necesarios para facilitar el aprendizaje de los conceptos científicos que explican la actuación del hombre como ser social y su relación con el medio natural, tanto en el presente como en el pasado" (Martín, 1988, p. 26).

Y, de acuerdo con Pagés (1993) la didáctica de las ciencias sociales posee conocimientos relacionados con la manera de enseñar y se caracteriza porque comprende:

a) Un cuerpo teórico -los problemas que plantea la enseñanza y el aprendizaje de las disciplinas sociales- constituido por teorías, modelos, principios y conceptos;

b) Una investigación propia -aunque escasa- en torno a los problemas de la enseñanza de lo social;

c) Una producción literaria variada y

d) Una comunidad de personas que reivindican la pertenencia a esta área de conocimiento y a este campo científico y profesional (p. 128).

Esta área del conocimiento ha adquirido personalidad propia a través de los componentes teóricos e instrumentales que han producido investigaciones y son compartidos por una comunidad de estudiosos.

Dado que, las ciencias sociales son un constructo humano que se ocupa de estudiar los fenómenos de la realidad concreta en la que se desenvuelven sus propios creadores, es necesario diseñar un conjunto de estrategias didácticas que permitan lograr una transformación de la enseñanza de la disciplina, con el propósito principal de que los estudiantes aprendan los conocimientos relativos al ámbito de lo social (Flores, 2014).

> Dewey, desde principios del siglo XX, plantea que la enseñanza de las ciencias sociales debe estar basada en el diálogo, la reflexión de los alumnos acompañados por los docentes. Propone partir de experiencias o situaciones actuales y reales del estudiante en su vida familiar o comunitaria, en las que se identifiquen problemas o dificultades, para que logre su comprensión y búsqueda de soluciones viables, mediante la formulación de hipótesis de solución y su comprobación, sin respuestas prefabricas ni definitivas como las de la escuela tradicional (Gutiérrez, Buitrago y Arana, 2012, p. 176).

El ejercicio de una práctica docente reflexiva permite la creación y recreación de aprendizajes vinculados con el contexto y la vida cotidiana de los sujetos. Giroux (1990) citado por Pagés (2012) Entre otros aspectos afirmaba que había que preparar al profesorado de las ciencias sociales para:

> Desarrollar el pensamiento crítico en el alumnado, entendido por pensamiento crítico como la capacidad de problematizar lo que parece evidente, de convertir en objeto de reflexión lo que parecía una herramienta, de examinar críticamente la vida que llevamos. Presentar en forma problemática a los estudiantes los hechos, los temas y los acontecimientos de las ciencias sociales. Saber relacionar los hechos con los valores (p.12).

Lo anterior hace énfasis en que el profesor debe de ser capaz de desarrollar o tener la competencia para crear las condiciones propicias para que el alumno desarrolle la habilidad de reflexionar con sentido crítico el modelo de vida que se quiere llevar dentro de una sociedad.

En cuanto al marco de referencia que se les presenta a los estudiantes, éste debe ser más que un marco epistemológico, debe incluir una dimensión axiomática; ya que se debe de separar los hechos, de los valores para enseñar al estudiante a analizar la problemática diferenciando el medio de los fines.

Siguiendo a Giroux, en la enseñanza de las ciencias sociales hay que contextualizar la información y enseñar a los estudiantes a salir de su propio marco de referencia para poder valorar la legitimidad de los hechos sociales, enseñar reflexionar dialécticamente, es decir no hacerlo de forma aislada y dispersa y enseñar lo que la historia y las ciencias sociales son: un intento de explicar el significado de lo sucedido y de las razones por las que ha sucedido.

Pagés (2011) propone tres aspectos para enseñar a problematizar a los estudiantes el contenido de las ciencias sociales:

> 1) Uno Introducir los temas en forma de dilemas formulados como preguntas, dos, 2) Investigar qué sugieren las dimensiones interpretativas de las ciencias sociales acerca de la relación entre conocimiento histórico y social e intereses humanos, y 3) Ofrecer a los estudiantes diferentes visiones de conjunto sobre el problema, contextualizándolo en el marco histórico y social más amplio posible (p. 13)

La enseñanza de las ciencias sociales va más allá de la mera descripción de los contenidos de los libros de texto, requiere de estrategias didácticas innovadoras, dirigidas a hacer pensar al alumnado y a predisponerles y enseñarles para intervenir en contextos sociales. Tal vez una de las estrategias más eficaces y menos costosas sea la que se relaciona con la problematización de los contenidos, con una enseñanza realizada a partir de problemas (Pagés, 2009).

El docente de las ciencias sociales debe pensar en la formación de sujetos críticos, reflexivos, con capacidad de intervención en diversos contextos sociales y situaciones específicas, problematizar el conocimiento. El docente debe asumir la problematización "como un componente más de su estructura social, cultural y mental, en la cual reúna experiencias desde su ejercicio, reflexiones en la acción y estrategias de mejoramiento, de innovación, de cambio que como resultado den educandos reflexivos, pensantes del mundo que los rodea y sin dejar de lado esa particularidad que caracteriza a cada uno" (Del Pilar y Mejía, 2012, p. 186). El profesor debe ser además un agente de desarrollo social, cultura ciudadana y constructor de un tejido social fuerte.

Es importante cuestionar sobre el aprendizaje, sobre los sujetos, sobre los contextos, sobre las normativas, sobre las disciplinas, entre varios aspectos, y a partir de todo ello, cómo enseñar. Y es necesario notar que lo didáctico como parte de todo el proceso educativo no se puede diferenciar o parcelar; es decir, no puede reducirse lo didáctico a una serie de acciones, técnicas, protocolos, estrategias o herramientas descontextualizadas de los fundamentos filosóficos, epistemológicos, pedagógicos, curriculares y evaluativos que soportan los procesos educativos.

Ante esta dificultad para observar lo que corresponde a lo didáctico en la compleja acción del docente y, sobre todo, teniendo en cuenta la dificultad de objetividad que representa para el docente el conocimiento de las didácticas específicas de cada área disciplinar, reconocido como un problema a resolver en la investigación didáctica, se considera que la existencia de una didáctica general que emerge de las teorías del aprendizaje, y la existencia de didácticas específicas que responden a la epistemología de cada disciplina.

Haciendo una reflexión frente a las aparentes diferencias entre las estrategias de aprendizaje y las estrategias de enseñanza, Tovar-Gálvez (2008) reconoció que ambas posibilidades se fundamentan en posturas que distan en cuanto al objeto de estudio y en cuanto a soporte teórico-metodológico; sin embargo, plantea la necesidad de integrarlas. Argumentó la existencia de una didáctica general sustentada en las teorías del aprendizaje y que por ende se enfoca en los procesos cognitivos del sujeto y en logra su desarrollo a través de estrategias de aprendizaje; y la existencia de didácticas específicas.

Las didácticas específicas tienen naturaleza, estructuras y dinámicas particulares; aspecto que se puede argumentar a través de los estudios históricos y epistemológicos de cada disciplina. En esta medida, se hace necesario realizar reflexiones profundas sobre las posturas respecto al conocimiento y cómo ello conlleva a pensar en una u otra forma de enseñar. De esta manera, las estrategias de enseñanza se hacen específicas a las disciplinas, pero se hacen generales para los sujetos, en la medida en que las comunidades de especialistas asuman una u otra postura histórica.

Desde la didáctica de las ciencias sociales se ha puesto en evidencia que "un aprendizaje limitado a una mera adquisición memorística de datos no favorece la capacidad de adquirir aprendizajes significativos, por tanto, la imposibilidad de conectar el contenido con la realidad del alumnado" (Fuster, 2015, p. 155). "A muchos profesores se les recuerda más por su forma de enseñar que por lo que enseñaban... muchos estudiantes tienen dificultades de aprendizaje no porque no sean capaces de aprender, sino sencillamente porque no quieren o no pueden hacerlo con los métodos que les propone el profesor" Colom (1995, Ávila, Rivero y Domínguez, 2010, p. 175).

2.8 Practicas docentes universitarias

La relevancia del papel que juega el profesorado en los procesos de enseñanza-aprendizaje es un hecho indudable, desde cualquier perspectiva dentro de la educación. Por ello, la investigación sobre la formación del profesorado es crucial para la mejora de la actividad docente, especialmente en el nivel superior.

La docencia universitaria se constituye como un problema de investigación, en tanto la universidad, la sociedad y la cultura están en constante cambio, exigiendo formadores de profesionales que respondan a contextos cambiantes, acelerados y con demandas diversas; es así como la universidad (Francis, 2006).

Según Informes de la Organización para Cooperación y el Desarrollo Económico (OCDE, 2009) la ausencia de prácticas y políticas educativas que orienten la práctica docente en la formación de profesionales en la actualidad, ha promovido que en el interior de las aulas de clases universitarias prevalezcan aún métodos educativos tradicionales en los que se privilegia la memorización de contenidos, el aprendizaje individual y la reproducción en la evaluación de los aprendizajes desarrollados por los estudiantes. Tal dinámica conlleva a que la docencia universitaria se centre en la enseñanza de las disciplinas, dejando de lado procesos como la formación por competencias y en las tecnologías de la información y la comunicación (Montero, 2007).

Hoy, la didáctica de las ciencias sociales debe promover en los estudiantes, prácticas ciudadanas que lleven a la transformación de su sociedad en beneficio del mejoramiento de la coexistencia misma, en compañía del desarrollo de las habilidades de pensamiento crítico, frente a las contradicciones de una realidad en la que se encuentran circunscritas acciones que les permitirían dinamizarla en un proceso de interacción cotidiano (Zapata y Quiroz, 2012, p. 94).

En la enseñanza de las ciencias sociales, "el cambio de la enseñanza pasa necesariamente por el cambio de la práctica (Eisner) pero la práctica no es un campo vacío en el que profesores y alumnos actúan en conforme a los dictados del currículum... la enseñanza, más que una práctica de transmisión y adquisición de conocimiento en el aula es una práctica social que opera en un contexto histórico concreto" (Ávila, Rivero y Domínguez, 2010, p. 112).

Las practicas docentes de los universitarios que no tienen formación pedagógica constituye un problema de investigación. A pesar de que el área de didáctica de las ciencias sociales no tiene la trayectoria y tradición de otras áreas de conocimiento, se cuenta ya con una importante producción científica, a nivel nacional e internacional, que incluye la existencia de diversas líneas de trabajo.

CAPÍTULO III

Metodología

En este capítulo se presenta los aspectos metodológicos seguidos en la investigación. Se aborda la propuesta de cada una de las variables de estudio: modelos de enseñanza, ambientes y medios de aprendizaje, así como práctica docente. Dichas variables se derivan del planteamiento de la problemática de modelos y estrategias de enseñanza de los docentes en un campo específico del conocimiento, las ciencias sociales. Se exponen la perspectiva metodológica, el enfoque y diseño metodológico que se ha adoptado, así como las estrategias, técnicas e instrumentos utilizados para la recolección de datos y el análisis e interpretación de los resultados. Finalmente se describe la selección de la población y la muestra obtenida para la investigación.

3.1 Perspectiva, enfoque y diseño metodológico

Se realizó una investigación cuantitativa con alcance descriptivo explicativo. La investigación cuantitativa es uno de los métodos de los que se vale la ciencia y las estadísticas son las principales herramientas. Se aplicó en el estudio el diseño no experimental y transeccional, ya que no hubo manipulación de variables y la información se obtuvo a través de un instrumento estructurado, que se aplicó en un sólo momento.

El enfoque y diseño metodológico asumido permitió recolectar, evaluar, medir y explicar cómo y en qué condiciones se manifiestan las variables y componentes de los modelos de enseñanza, los ambientes y medios de aprendizaje, la práctica educativa de las ciencias sociales que sustentan la práctica del docente.

3.2 Variables del estudio

Las variables son cualidades, propiedades o rasgos observables de los elementos del estudio científico y son de gran importancia en el método científico porque las clasificamos y agrupamos, las relacionamos y las estudiamos, y las interpretamos (Lafuente y Marín, 2008, p. 8).

Para responder las preguntas de investigación ¿Cuáles son los modelos pedagógicos que sustentan la enseñanza de las ciencias sociales del docente universitario en una universidad pública? ¿Cuáles son los modelos y estrategias de enseñanza, los ambientes y medios de aprendizaje y la práctica docente que utiliza el profesor de las ciencias sociales de la UAT?, se identificaron y adaptaron un conjunto de variables e indicadores: modelos de enseñanza, medios y ambientes de enseñanza y aprendizaje, práctica docente propuestos por Llado, Sánchez, Gómez, Navarro y Guzmán (2013) (Ver Tabla 2).

Para esta investigación, se asume el *modelo de enseñanza* como un proyecto pedagógico y plan integral sistemático estructurado que integra la formulación de objetivos de aprendizaje que orientan la formación profesional docente, así como el diseño y desarrollo de las estrategias didáctico-formativas para los procesos de enseñanza aprendizaje basado en constructos teóricos que delimitan la aplicación del conocimiento en la elaboración de principios orientativos y explicativos de las prácticas de la enseñanza. No existe ningún modelo único capaz de hacer frente a todos los tipos y estilos de aprendizaje (Joyce y Weil, 1985; Joyce, Weil y Calhoun, 2002; De León, 2005; y Abad, 2006).

Los *ambientes y medios de aprendizaje* como un ambiente o entorno físico y psicológico de interactividad regulada en donde confluyen personas con propósitos educativos, un espacio educativo que expresa y comunica el proyecto pedagógico, como un compromiso de participación del entorno sociocultural al que pertenece. La calidad del ambiente es trascendental, ya que es un medio de aprendizaje, que debe favorecer y promover el desarrollo de las competencias (Abad, 2006; Herrera, 2006; Laguna, 2013).

La *práctica docente* como el conjunto de estrategias y acciones empleadas por el profesor en el proceso de enseñanza aprendizaje. Una actividad dinámica, reflexiva, que comprende la intervención pedagógica ocurrida antes y después de los procesos de interacción entre maestro y alumnos, siendo determinantes en la forma como los alumnos aprenden una disciplina en un momento particular y que trascienden en el ámbito de la interacción maestro-alumno en el aula (Doyle, 1986; García, 2003; Ejea, 2007; García, Loredo y Peña, 2008).

Tabla 2*a*. *Descripción de las variables del estudio.*

VARIABLE	CONCEPTUALIZACIÓN	
Modelos de enseñanza	Proyecto pedagógico y plan integral sistemático estructurado que integra la formulación de objetivos de aprendizaje que orientan la formación profesional docente, así como el diseño y desarrollo de las estrategias didáctico-formativas para los procesos de enseñanza aprendizaje basado en constructos teóricos que delimitan la aplicación del conocimiento en la elaboración de principios orientativos y explicativos de las prácticas de la enseñanza. No existe ningún modelo único capaz de hacer frente a todos los tipos y estilos de aprendizaje.	
INDICADORES	OPERACIONALIZACIÓN	ESCALA DE MEDICIÓN
Grado de importancia que le asigna en la formulación de objetivos de aprendizaje.	El alumno analiza y utiliza la información que se le proporciona con sentido reflexivo y crítico para explorar nuevos hechos. El alumno se autovalora y acepta tal cual es, trabaja a su propio ritmo y es capaz de aplicar su creatividad ante los problemas que se le presente. El alumno trabaja en equipo, elabora y participa colectivamente en planes y proyectos de trabajo, realiza propuestas de solución ante problemáticas específicas.	Mucho Poco Nada
Grado de importancia que le atribuye a los objetivos de aprendizaje que orientan la formación profesional docente para con sus estudiantes.	Desarrolla la capacidad reflexiva y crítica para inferir e interpretar información que le permitan interactuar socialmente con los problemas de su profesión. Asume su responsabilidad personal hacia el trabajo y progresa con base en sus características personales. Es capaz de resolver problemas propios de su profesión e interactuar socialmente.	Mucho Poco Nada

Grado de aplicación de estrategias didáctico-formativas que se encuentran presentes en su enseñanza y que propician el aprendizaje centrado en el estudiante.	Propicia la participación de los alumnos para exponer razones, hipótesis, opiniones, explicaciones de un hecho, relacionando los conocimientos previos de los estudiantes con información nueva que le proporciona en su docencia. Propicia la discusión interactiva y guiada de determinados temas para compartir entre los estudiantes conocimientos y experiencias previas sobre las temáticas que se abordan. Realiza un proceso introductorio compuesto por un conjunto de conceptos y proposiciones los nuevos contenidos que se van a aprender en el curso y en cada unidad temática del mismo. Relaciona en cada nueva experiencia de aprendizaje (del curso o de las unidades temáticas) con un conjunto de conocimientos y experiencias análogas que ayudan a comprenderlos. Elabora representaciones gráficas de los contenidos de la(s) asignatura(s) que imparte para que el alumno aprenda los significados de esos contenidos y luego profundizar tanto como el alumno lo desee. Realiza representaciones gráficas de los contenidos temáticos para establecer un enlace más claro entre los conocimientos previos y el reconocimiento de la información nueva que se ha de aprender, para reflexionar sobre el proceso de aprendizaje y para que los alumnos lo utilicen como fuente de autoevaluación. Realiza actividades de enseñanza-aprendizaje alrededor de problemas holísticos y relevantes, implicando que los estudiantes realicen una fuerte cantidad de actividad cognitiva. Elabora actividades que permiten a los alumnos la adquisición de conocimientos, habilidades y actitudes orientadas al logro de un producto concreto. Realiza actividades para que el estudiante mediante la lectura de textos reconozca lo que es importante y a qué aspectos hay que dedicarle un mayor esfuerzo constructivo, a la vez que facilitarle la adquisición e integración de los contenidos que desea sean aprendidos.	Satisfecho Medianamente Satisfecho Nada Satisfecho
Grado de satisfacción docente en cuanto a las características de enseñanza-aprendizaje predominantes en el modelo académico de la UAT y sus necesidades docentes.	Conocimientos disciplinares. Situaciones sociales relevantes. Transmisión de conocimientos. Adaptación de los conocimientos al nivel de los alumnos para que, después del curso, los puedan aplicar a futuro conocimientos. Creación de situaciones didácticas que enfrentan a los estudiantes a tareas auténticas en contextos reales. Lecciones enfocadas en el aprendizaje de teorías y métodos. Énfasis en ejercicios de comprensión, aplicación y repaso del contenido curricular.	Satisfecho Medianamente Satisfecho Nada Satisfecho

Fuente: Elaboración propia.

Tabla 3*b. Descripción de las variables del estudio.*

VARIABLE	CONCEPTUALIZACIÓN	
Ambientes y Medios de Aprendizaje	Ambiente de aprendizaje y entorno físico y psicológico de interactividad regulada en donde confluyen personas con propósitos educativos, un espacio educativo que expresa y comunica el proyecto pedagógico, como un compromiso de participación del entorno sociocultural al que pertenece. La calidad del ambiente es trascendental, ya que es un medio de aprendizaje, que debe favorecer y promover el desarrollo de las competencias.	
INDICADORES	OPERACIONALIZACIÓN	ESCALA DE MEDICIÓN
Grado de aplicación de mecanismos que favorecen ambientes y medios de aprendizaje en los estudiantes	Las metas de los alumnos son independientes entre sí. Los estudiantes piensan que alcanzarán sus metas si los otros no alcanzan las suyas. Las metas de los alumnos son compartidas. El logro de los objetivos depende del trabajo, capacidad y esfuerzo de cada quien. Los estudiantes son percibidos como rivales y competidores más que como compañeros. Se trabaja para maximizar el aprendizaje de todos. No hay actividades conjuntas. Los alumnos son comparados y ordenados entre sí. El equipo trabaja junto hasta que todos los miembros han entendido y completado las tareas. Lo que importa es el logro y el desarrollo personal, sin tomar en cuenta el de los demás. El alumno obtiene una mejor calificación en la medida que las de los otros sean más bajas. Es importante la adquisición de valores y habilidades sociales (ayuda mutua, diálogo, empatía, tolerancia), el control de emociones e impulsos, el intercambio de puntos de vista.	Mucho Poco Nada

Fuente: Elaboración propia.

Tabla 4c. *Descripción de las variables del estudio.*

VARIABLE	CONCEPTUALIZACIÓN	
Práctica Docente	Conjunto de estrategias y acciones empleadas por el profesor en el proceso de enseñanza aprendizaje. Una actividad dinámica, reflexiva, que comprende la intervención pedagógica ocurrida antes y después de los procesos de interacción entre maestro y alumnos, siendo determinantes en la forma como los alumnos aprenden una disciplina en un momento particular y que trascienden en el ámbito de la interacción maestro-alumno en el aula.	
INDICADORES	**OPERACIONALIZACIÓN**	**ESCALA DE MEDICIÓN**
Forma de enseñanza que caracteriza mayormente a su práctica docente.	Promueve actividades a través de grupos colaborativos. Promueve actividades hacia el sentido de la autoestima. Promueve actividades hacia la construcción del conocimiento. Promueve actividades hacia el comportamiento de los alumnos	Mucho Poco Nada
Elementos básicos de la planeación de clase que considera como principales.	La resolución de problemas para el aprendizaje. La integración de las ideas hacia el aprendizaje. Las actividades que fomenten las características personales en el aprendizaje. El diseño de objetivos para el aprendizaje.	Mucho Poco Nada
Elementos que considera esenciales para la selección de los contenidos de la clase	Las ideas de los alumnos al inicio, durante y final de la clase para modificar el plan de clase. Las ideas de los alumnos al final de la clase para modificar el plan de clase. Las ideas de los alumnos al iniciar la clase para modificar el plan de clase. Las ideas de los alumnos al final del curso para modificar el programa.	Mucho Poco Nada
Elementos que considera esenciales para la selección de propósitos u objetivos de la clase.	El logro de los objetivos basados en el desarrollo de habilidades sociales. El logro de los objetivos basado en el desarrollo de procesos activos. El logro de los objetivos basado en la responsabilidad personal. El logro de los objetivos basado en conductas observables.	Mucho Poco Nada
Principales formas de presentar los elementos que integran el programa de estudios de la asignatura.	Presenta el programa de estudios a la consideración y participación grupal de los alumnos. Presenta a los alumnos el programa de estudios para su análisis y reflexión. Presenta a los alumnos el programa de estudios para su comprensión y posible reformulación. Presenta a los alumnos el programa de estudios para su conocimiento.	Mucho Poco Nada
Principales formas de organizar al grupo durante la clase.	Hacia la conformación de grupos para el trabajo colaborativo. Hacia acciones que promuevan la capacidad para recoger, integrar y recordar información. Hacia la promoción de actitudes genuinas de aceptación del alumno. Hacia acciones netamente académicas.	Mucho Poco Nada

Principales formas de distribución del tiempo para eficientar las actividades de la clase.	Planifica de manera flexible las actividades para el trabajo grupal. Planifica acciones dosificadas del tiempo para actividades de investigación. Planificando acciones eficaces al logro de actitudes propositivas de los alumnos. Planificando de acuerdo a la programación establecida.	Mucho Poco Nada
Principales acciones que desarrolla para demostrar el dominio del conocimiento de la asignatura.	Aplicación del conocimiento teórico en el desarrollo práctico colaborativo. Formación de conceptos, interpretación de datos y aplicación de principios. Acciones colaborativas y compartidas entre docentes y alumnos. Presentación, practica estructurada y guiada e independiente.	Mucho Poco Nada
Principales mecanismos de evaluación en los procesos de enseñanza-aprendizaje en los alumnos.	Autoevaluación permanente del trabajo grupal colaborativo. Autoevaluación permanente en los procesos de indagación e investigación. Autoevaluación permanente individual. Evaluación individual.	Mucho Poco Nada
Principales acciones que favorecen el diálogo entre alumno-alumno.	Interacciones de cooperación entre los alumnos. Acciones conjuntas que verifiquen y comprueben la información. Acciones que fortalecen la aceptación entre iguales. Retroalimentación docente.	Mucho Poco Nada
Principales estrategias didácticas que desarrolla durante la clase.	Actividades que inducen al trabajo colaborativo (equipos). Actividades que inducen a la reflexión (análisis). Actividades que propicien el desarrollo autónomo (personal). Actividades expositivas y retroalimentadas (individuales).	Mucho Poco Nada
Principales recursos didácticos que promueve en los procesos de enseñanza-aprendizaje.	Uso de las herramientas didácticas que están a la disposición para el trabajo grupal. Uso de herramientas didácticas que promuevan la indagación del alumno. Uso de herramientas didácticas que promuevan la creatividad autorrealización del alumno. Uso de herramientas para exploración y exposición de tareas	Mucho Poco Nada
Principales mecanismos de evaluación que aplica en su proceso de enseñanza-aprendizaje.	Participación en problemas de tipo social. Ejercicios de indagación científica. Ejercicios que desarrollen la creatividad y el autoconocimiento del alumno. Asignación de tareas y examen.	Mucho Poco Nada

Fuente: Elaboración propia.

3.3 Población y muestra

Se administró un cuestionario a una muestra de 37 de un total de 39 profesores, que representan el 94% Estos docentes participan en las licenciaturas del área de las ciencias sociales en los programas de: Licenciatura en Historia (LH), Licenciatura en Sociología (LS) y Licenciatura en Ciencias de la Educación con opción en Ciencias Sociales (LCECS) de la UAT (ver Tabla 3). Más de la mitad de los docentes encuestados pertenece a la LCECS con 56.8 %, seguido de los docentes de la LH con 27 %, y los docentes de la LS con 16.2 %, este último identificado como el grupo con menor intervención en la encuesta respecto de sus pares. El grado de participación de los docentes en la encuesta coincide con la matrícula registrada en cada programa educativo, donde la LCECS es la carrera con mayor matrícula, mientras que la LS y la LH, son las carreras con menor matrícula registrada en la UAMCEH.

Tabla 5: *Docentes del área de ciencias sociales que participaron en la investigación.*

	Frecuencia	Porcentaje	Porcentaje válido	Porcentaje acumulado
LCECS	21	56.8	56.8	56.8
LH	10	27.0	27.0	83.8
LS	6	16.2	16.2	100.0
Total	37	100.0	100.0	

Fuente: Elaboración propia con base en resultados de Encuesta para Docentes (2016).

Poco más de la mitad de los docentes del área de las ciencias sociales está en calidad de Profesor de Horario Libre (PHL), el resto como Profesor de Tiempo Completo (PTC). (Ver tabla 4). Según el Reglamento de Personal Académico de la UAT, los PTC son quienes realizan de manera regular y permanente actividades académicas que tengan ese carácter, previa presentación y aprobación del concurso de oposición, dedican 40 horas a la semana a las labores académicas. Los PHL, desempeñan su trabajo docente por horas, habiendo demostrado capacidad, aptitudes y los conocimientos suficientes en una especialidad, dedican hasta 20 horas a la semana a las labores docentes frente a grupo.

Tabla 6: *Tipo de nombramiento de los docentes.*

	Frecuencia	Porcentaje	Porcentaje válido	Porcentaje acumulado
Tiempo Completo	18	48.6	48.6	48.6
Horario Libre	19	51.4	51.4	100.0
Total	37	100.0	100.0	

Fuente: Elaboración propia con base en resultados de Encuesta para Docentes (2016).

En cuanto al género de los docentes del área de ciencias sociales que participaron en la encuesta, más de la mitad corresponde al género masculino y el resto pertenece al género femenino. (Ver tabla 5).

Tabla 5: *Género de los participantes.*

Género	Frecuencia	Porcentaje	Porcentaje válido	Porcentaje acumulado
Masculino	21	56.8	56.8	56.8
Femenino	16	43.2	43.2	100.0
Total	37	100.0	100.0	

Fuente: Elaboración propia con base en resultados de Encuesta para Docentes (2016).

Respecto a la antigüedad del docente del área de ciencias sociales (Ver tabla 6) destacó la antigüedad de 1 a 10 años en el 40 % de los docentes, en el otro extremo, destacó en el 40.5 % de los profesores una antigüedad de más de 21 años en adelante. Se cuenta tanto con jóvenes como experimentados docentes.

Tabla 6: Antigüedad

Antigüedad	Frecuencia	Porcentaje	Porcentaje válido	Porcentaje acumulado
1 a 5 años	5	13.5	13.5	13.5
6 a 10 años	10	27.0	27.0	40.5
11 a 15 años	6	16.2	16.2	56.8
16 a 20 años	1	2.7	2.7	59.5
21 a 25 años	4	10.8	10.8	70.3
26 a 30 años	5	13.5	13.5	83.8
31 años y más	6	16.2	16.2	100.0
Total	37	100.0	100.0	

Fuente: Elaboración propia con base en resultados de Encuesta para Docentes (2016).

El 67.6 % de los docentes encuestados tiene grado de maestría (Ver tabla 7). Esto coincide con los requisitos mínimos de escolaridad que debe reunir el personal académico según el Reglamento de Personal Académico de la UAT para el ingreso en cada tipo y categoría docente, para los PTC en las categorías G y H, se requiere grado de Maestro, para los PTC en las categorías D, E y F, se requiere grado de Doctor. Para el PHL, única categoría, se requiere de tener grado de maestro o especialidad.

Tabla 7: *Nivel máximo de estudios.*

Grado de estudios	Frecuencia	Porcentaje	Porcentaje válido	Porcentaje acumulado
Especialidad	1	2.7	2.7	2.7
Maestría	25	67.6	67.6	70.3
Doctorado	11	29.7	29.7	100.0
Total	37	100.0	100.0	

Fuente: Elaboración propia con base en resultados de Encuesta para Docentes (2016).

Poco más de la mitad de los docentes encuestados del área de las ciencias sociales cuenta con alguna certificación nacional (Ver tabla 8). El 38 % de los docentes están reconocidos por el Programa para el Desarrollo Profesional Docente (PRODEP), programa que busca profesionalizar a los PTC para que alcancen las capacidades de investigación-docencia, desarrollo tecnológico e innovación y, con responsabilidad social, se articulen y consoliden en cuerpos académicos capaces de transformar su entorno. El 14 % de los docentes están adscritos al Sistema Nacional de Investigadores (SNI), sistema que tiene por objeto la formación y consolidación de investigadores del más alto nivel como un elemento fundamental para incrementar la cultura, productividad, competitividad y el bienestar social.

Tabla 8: *Certificaciones académicas.*

Certificaciones	Frecuencia	Porcentaje	Porcentaje válido	Porcentaje acumulado
Ninguno	18	48.6	48.6	48.6
PRODEP	14	37.8	37.8	86.5
SNI	5	13.5	13.5	100.0
Total	37	100.0	100.0	

Fuente: Elaboración propia con base en resultados de Encuesta para Docentes (2016).

3.4 Técnicas e instrumentos para recuperar la información

La técnica utilizada para esta investigación fue la encuesta. La encuesta como estrategia de investigación, según Inche, Andía, Huamanchumo, López, Vizcarra y Flores (2003, p. 29), es la aplicación de un procedimiento estandarizado para recabar información (oral o escrita) de una muestra de sujetos (Cea D'Ancona) y es el instrumento de obtención de información, basado en la observación y el análisis de respuestas a una serie de preguntas (Pierre y Desmet); presentando las siguientes características:

a) En la encuesta la información se mide mediante observación indirecta.
b) La información abarca un amplio abanico de cuestiones.
c) Para que las respuestas de los sujetos puedan compararse, la información se recoge en forma estructurada.
d) Las respuestas se agrupan y cuantifican para, posteriormente, examinar las relaciones entre ellas.
e) La significatividad de la información proporcionada dependerá de la existencia de errores de muestreo.

Para recabar la información se consideró pertinente retomar y adaptar el instrumento del cuestionario diseñado y validado por investigadores de la Secretaria Académica de la Universidad Autónoma de Tamaulipas, Llado *et al.* (2013). Se retomó y adaptó el cuestionario y se dirigió a una población específica, los docentes de las ciencias sociales de la UAT. El cuestionario con ítems cerrados fue orientado a obtener respuestas concretas y precisas en cuanto a datos generales, modelos de enseñanza y aprendizaje, ambientes, medios de enseñanza y aprendizaje, así como ejercicio de la práctica docente. (Ver Apéndice 1).

3.5 Técnicas para el análisis de los datos

Se utilizaron los programas Statistical Package for the Social Sciences (SPSS) y Microsoft Excel como herramientas de apoyo para el procesamiento y análisis de la información derivada de la aplicación del cuestionario datos generales, modelos de enseñanza, ambientes y medios de enseñanza y aprendizaje, así como práctica educativa.

3.6. Procedimiento metodológico

En la realización de la investigación, el procedimiento metodológico permitió la identificación de la problemática a través de la definición de objetivos e interrogantes relacionadas con los modelos y estrategias de enseñanza de las ciencias sociales en el ámbito universitario.

Se realizó una revisión teórica exhaustiva de investigaciones recientes con la problemática del estudio. De acuerdo con el enfoque y diseño metodológico, se analizaron diversos componentes de la temática del estudio, mismos que fueron identificados como variable. Se identificó el instrumento acorde con los objetivos y variables del estudio, que fue aplicado a una muestra de docentes que imparten enseñanza en diversas licenciaturas del área de las ciencias sociales. El análisis de los datos se realizó con la ayuda del software SPSS, que permitió la identificación de datos descriptivos como frecuencias, porcentajes, así como la elaboración de gráficos.

CAPÍTULO IV

Análisis de Resultados

En este capítulo se analizan, describen y explican los resultados obtenidos de la aplicación del cuestionario en las variables estudiadas: modelos de enseñanza, ambientes y medios de aprendizaje, así como práctica educativa, fundamentándose los mismos teóricamente.

4.1 Análisis de resultados

En la variable *modelos de enseñanza* se consideraron los indicadores: grado de importancia y aplicación que le asigna y desarrolla el docente a la formulación de objetivos de aprendizaje, atribución de objetivos de aprendizaje que orientan la formación profesional docente para con sus estudiantes, las estrategias didáctico-formativas presentes en su enseñanza y que propician el aprendizaje centrado en el estudiante, la satisfacción docente en cuanto a las características de enseñanza-aprendizaje del modelo académico de la UAT y sus necesidades docentes.

En la variable *ambientes y medios de aprendizaje* se integró el indicador: grado de aplicación de mecanismos que favorecen ambientes y medios de aprendizaje en los estudiantes

Por último, en la variable *práctica docente* se incorporaron los indicadores: la aplicación de la forma de enseñanza que caracteriza mayormente a su práctica docente, los elementos básicos de la planeación de clase y aquellos elementos que considera esenciales para la selección de los contenidos de la clase, propósitos u objetivos de la clase. Las principales formas de presentar los elementos que integran el programa de estudios de la asignatura, organizar al grupo durante la clase, distribuir el tiempo para eficientar las actividades de la clase, acciones que desarrolla para demostrar el dominio del conocimiento de la asignatura y que favorecen el diálogo entre alumno-alumno. Las estrategias didácticas que desarrolla durante la clase, el uso recursos didácticos que promueve y los mecanismos de evaluación que aplica en los procesos de enseñanza-aprendizaje.

4.1.1 Modelos de enseñanza

Como parte de los resultados se encontró que casi la mayoría de los docentes de las ciencias sociales, 86.5 % consideran de gran importancia la definición y formulación de objetivos de aprendizaje en la planeación e impartición del curso (Ver tabla 9), los objetivos se orientan a la formación de un alumno que analiza y utiliza la información que se le proporciona con sentido reflexivo y crítico para explorar nuevos hechos; se autovalora y acepta tal cual es, trabaja a su propio ritmo y es capaz de aplicar su creatividad ante los problemas que se le presente; trabaja en equipo, elabora y participa colectivamente en planes y proyectos de trabajo.

Lo anterior coincide con el *modelo pedagógico conductista*, en el sentido de que casi la mayoría de los docentes de las ciencias sociales enfatizan más en la fijación de objetivos instruccionales aplicados en la planeación del curso. En el modelo pedagógico conductista, el docente es quien diseña todos los objetivos de aprendizaje, así como los ejercicios y actividades encaminados al cumplimiento de los objetivos del curso, como sujeto activo en el proceso de aprendizaje, no se le exige al estudiante que participe en la formulación o reformulación de objetivos.

Esta orientación que le dan los docentes de las ciencias sociales a los objetivos de aprendizaje se relaciona con los *modelos pedagógicos constructivista* y *por competencias*.

En el modelo constructivista, el docente asume que la enseñanza no es una simple transmisión de conocimientos sino una tarea de organización de métodos de apoyo y situaciones de aprendizaje que permiten a los alumnos construir su propio saber.

Mientras que en el modelo por competencias destaca la determinación del docente en el diseño de los objetivos de enseñanzas, la capacidad de trabajo en equipo y la capacidad para la solución creativa de los problemas, a su vez que estos problemas se transforman en retos cada vez más complejos, el aprendizaje está centrada en el estudiante y está basado en resultados orientados al campo de la formación integral de los alumnos y al campo profesional, el estudiante en este contexto es un sujeto analítico, crítico, reflexivo y creativo, protagonista de su formación que trabaja a su propio ritmo y que construye su propio aprendizaje y aplica su propio conocimiento.

Tabla 9: *Grado de importancia que le asigna en la formulación de objetivos de aprendizaje*

	Frecuencia	Porcentaje	Porcentaje válido	Porcentaje acumulado
Poco	5	13.5	13.5	13.5
Mucho	32	86.5	86.5	100.0
Total	37	100	100.0	

Fuente: Elaboración propia con base en resultados de Encuesta para Docentes (2016).

Casi todos los docentes de ciencias sociales, 97.3 % consideran de gran importancia los objetivos de aprendizajes como un elemento orientador de la formación profesional docente (Ver tabla 10), desarrollando la capacidad reflexiva y crítica para inferir e interpretar información que le permitan interactuar socialmente con los problemas de su profesión, asumiendo la responsabilidad personal hacia el trabajo y progresa con base en sus características personales, así como la capacidad de resolver problemas propios de su profesión e interactuar socialmente.

Lo anterior coincide con el *modelo pedagógico constructivista y modelo por competencias* en la importancia que le atribuyen casi todos los docentes de las ciencias sociales a los objetivos de aprendizajes como un elemento orientador de la formación profesional docente que pretende preparar a los estudiantes para la actividad del campo profesional y contribuir en la sociedad con responsabilidad y capacidad para aplicar los saberes propios de su profesión y de su disciplina en la resolución de problemas y la transformación social. Los objetivos de aprendizaje en este sentido orientan al docente en su quehacer educativo y a su vez el docente orienta al estudiante en su profesional docente de las ciencias sociales.

Tabla 10: *Grado de importancia que le atribuye a los objetivos de aprendizaje que orientan la formación profesional docente para con sus estudiantes.*

	Frecuencia	Porcentaje	Porcentaje válido	Porcentaje acumulado
Poco	1	2.7	2.7	2.7
Mucho	36	97.3	97.3	100.0
Total	37	100.0	100.0	

Fuente: Elaboración propia con base en resultados de Encuesta para Docentes (2016).

Más de la mitad de los docentes de las ciencias sociales, 59.5 % considera indispensables las estrategias didáctico-formativas que aplican los procesos de enseñanza-aprendizaje centrado en el estudiante (Ver tabla 11), propiciando la participación de los alumnos para exponer razones, hipótesis, opiniones, explicaciones de un hecho, relacionando los conocimientos previos de los estudiantes con información nueva que le proporciona en su docencia; la discusión interactiva y guiada de determinados temas para compartir entre los estudiantes conocimientos y experiencias previas sobre las temáticas que se abordan, relacionando en cada nueva experiencia de aprendizaje con un conjunto de conocimientos y experiencias análogas que ayudan a comprenderlos.

Este grupo de docentes de las ciencias sociales, elaboran y orientan las actividades de enseñanza-aprendizaje alrededor de problemas holísticos y relevantes, implicando que los estudiantes realicen una fuerte cantidad de actividad cognitiva, así como la adquisición de conocimientos, habilidades y actitudes orientadas al logro de un producto concreto; mediante la lectura de textos se busca que el estudiante reconozca lo que es importante y a qué aspectos hay que dedicarle un mayor esfuerzo constructivo; por medio de las representaciones gráficas de los contenidos de la(s) asignatura(s) se pretende que el alumno aprenda los significados de esos contenidos y luego profundice tanto como el alumno lo desee; y mediante el uso de las representaciones gráficas de los contenidos temáticos se busca establecer un enlace más claro entre los conocimientos previos y lo nuevo por aprender.

Este modelo de enseñanza coincide con el *modelo pedagógico constructivista*, puesto que más de la mitad de los docentes considera como indispensables la aplicación de métodos y estrategias de enseñanza que privilegian un aprendizaje centrado en el estudiante. La enseñanza de las ciencias sociales sugiere Pagés (2009), requiere de estrategias didácticas innovadoras, dirigidas a hacer pensar al alumnado y a predisponerles y enseñarles para intervenir en contextos sociales, a partir de una enseñanza que problematice contenidos y que resuelva problemas.

Al privilegiarse una enseñanza innovadora centrada en el estudiante con diferentes métodos y estrategias didáctico-formativas "la responsabilidad del diseño curricular es del profesor, pero en el desarrollo curricular deben cooperar los estudiantes. Se anima al estudiante a diseñar sus rutas de aprendizaje y a comprometerse en el proceso" Machemer y Crawford (2007, Gargallo, Garfella, Sahuquillo y Verde, 2015, p. 231). En este contexto el estudiante como sujeto activo, aprende los significados de esos contenidos y profundiza en contenidos de su interés para la construcción del conocimiento, el desarrollo de habilidades, actitudes y valores necesarios es su vida estudiantil y profesional.

Tabla 11: *Grado de aplicación de estrategias didáctico-formativas que se encuentran presentes en su enseñanza y que propician el aprendizaje centrado en el estudiante.*

	Frecuencia	Porcentaje	Porcentaje válido	Porcentaje acumulado
Necesarias	15	40.5	40.5	40.5
Indispensables	22	59.5	59.5	100.0
Total	37	100.0	100.0	

Fuente: Elaboración propia con base en resultados de Encuesta para Docentes (2016).

Casi todos los docentes de las ciencias sociales, 89.1 % afirman que están entre satisfechos y medianamente satisfechos con las características de enseñanza-aprendizaje predominantes en el Modelo Educativo de la UAT y sus necesidades docentes (Ver tabla 12), modelo que privilegia los conocimientos disciplinares, situaciones sociales relevantes. transmisión de conocimientos, adaptación de los conocimientos al nivel de los alumnos para que, después del curso, los puedan aplicar a futuro conocimientos, creación de situaciones didácticas que enfrentan a los estudiantes a tareas auténticas en contextos reales, lecciones enfocadas en el aprendizaje de teorías y métodos, énfasis en ejercicios de comprensión, aplicación y repaso del contenido curricular.

Siendo que el Modelo Educativo de la UAT (2010) un modelo que adopta el *enfoque constructivista* con transición al *enfoque por competencias*, no todos los docentes están satisfechos con estas formas de enseñanza. La satisfacción podría explicarse ante la declaración de un modelo pedagógico que privilegia los conocimientos disciplinares; mientras que la mediana o nula satisfacción, podría entenderse asumiendo que docentes no conocen el modelo educativo y si lo conocen operan bajo modelos pedagógicos diferentes al establecido por la institución, es importante puntualizar que "no existe ningún modelo único capaz de hacer frente a todos los tipos y estilos de aprendizaje" (Joyce y Weil, 1985), y el caso de la UAT (Llado *et al*., 2013), el modelo educativo no se cumple en su totalidad, existe una diversidad de prácticas educativas al coexistir modelos de enseñanza.

Tabla 12: *Grado de satisfacción docente en cuanto a las características de enseñanza-aprendizaje predominantes en el modelo académico de la UAT y sus necesidades docentes.*

	Frecuencia	Porcentaje	Porcentaje válido	Porcentaje acumulado
Nada Satisfecho	4	10.8	10.8	10.8
Medianamente Satisfecho	17	45.9	45.9	56.8
Satisfecho	16	43.2	43.2	100.0
Total	37	100.0	100.0	

Fuente: Elaboración propia con base en resultados de Encuesta para Docentes (2016).

4.1.2 Ambientes y medios de aprendizaje

La mayoría de los docentes de las ciencias sociales, 86.5 % consideran que en su ejercicio docente poco aplican mecanismos que favorezcan ambientes y medios de aprendizaje en los estudiantes (Ver tabla 13), predominando así un ambiente y medio educativo en el que, por un lado, las metas de los alumnos son compartidas, el logro de los objetivos depende del trabajo, capacidad y esfuerzo de cada quien, se trabaja para maximizar el aprendizaje de todos, es importante la adquisición de valores y habilidades sociales, el control de emociones e impulsos, el intercambio de puntos de vista; y por otro lado, existe un ambiente donde las metas de los alumnos son independientes entre sí, los estudiantes piensan que alcanzarán sus metas si los otros no alcanzan las suyas, son percibidos como rivales y competidores más que como compañeros, son comparados y ordenados entre sí, lo que importa es el logro y el desarrollo personal, sin tomar en cuenta el de los demás.

La diversidad de modelos de enseñanza genera medios y ambientes de aprendizaje heterogéneos, en el caso de los docentes de las ciencias sociales de la UAT la percepción sugiere por un lado un ambiente y medio *de aprendizaje conductista* y por otro un ambiente y medio de aprendizaje *constructivista*.

En el modelo conductista, el refuerzo es indispensable para que los alumnos logren sus metas, los estudiantes son pasivos y repetidores de conocimientos, la conducta es en función del estímulo por lo que el estudiante, si bien se fortalece en conocimiento, aprende a ser rival y competidor más que compañero.

En el modelo constructivista, el ambiente de aprendizaje sostiene múltiples perspectivas o interpretaciones de realidad (Jonassen, 1991), los entornos de aprendizaje constructivista fomentan la reflexión en la experiencia, apoyan la construcción colaborativa del conocimiento, a través de la negociación social, no de la competición entre los estudiantes para obtener apreciación y conocimiento (*Ibíd*). citado por Hernández (2008, p. 27). Cada individuo logra su desarrollo intelectual de acuerdo con las necesidades y condiciones particulares apoyándose en la experiencia y a partir de aprendizaje colaborativo.

Tabla 13: *Grado de aplicación de mecanismos que favorecen ambientes y medios de aprendizaje en los estudiantes.*

	Frecuencia	Porcentaje	Porcentaje válido	Porcentaje acumulado
Nada	1	2.7	2.7	2.7
Poco	32	86.5	86.5	89.2
Mucho	4	10.8	10.8	100.0
Total	37	100.0	100.0	

Fuente: Elaboración propia con base en resultados de Encuesta para Docentes (2016).

4.1.3 Práctica docente

Poco más de la mitad de los docentes de las ciencias sociales, 54.1 % reconoce que su forma de enseñanza se orienta más hacia la construcción del conocimiento, otro grupo de docentes, 32.4 % manifiesta que su práctica docente promueve más actividades para el trabajo colaborativo de grupo, mientras que una minoría de profesores, 13.5 % considera que su estrategia de enseñanza está orientada a fortalecer el sentido de la autoestima y el comportamiento de los alumnos (Ver tabla 14). Esta práctica educativa predominante en los docentes de las ciencias sociales coincide con el *modelo pedagógico constructivista*. El docente orienta su enseñanza hacia la construcción del conocimiento, el aprendizaje significativo y colaborativo, reflexiona su propia práctica docente y acompaña a los estudiantes en la identificación de problemas que se transformen en retos cada vez más complejos. El conocimiento (Serrano y Pons, 2011), no es el resultado de una mera copia de la realidad preexistente, sino de un proceso dinámico e interactivo.

Tabla 14: *Forma de enseñanza que caracteriza mayormente a su práctica docente.*

	Frecuencia	Porcentaje	Porcentaje válido	Porcentaje acumulado
Hacia la construcción del conocimiento	20	54.1	54.1	54.1
Hacia el sentido de la autoestima	5	13.5	13.5	67.6
A través de grupos colaborativos	12	32.4	32.4	100.0
Total	37	100.0	100.0	

Fuente: Elaboración propia con base en resultados de Encuesta para Docentes (2016).

En cuanto a la planeación de la clase, los docentes de las ciencias sociales destacan como principales (Ver tabla 15) la resolución de problemas para el aprendizaje, 35.1 %, el diseño de objetivos para el aprendizaje, 29.7 %, la integración de las ideas hacia el aprendizaje, 27 %. Solo el 5.4 % de los docentes contemplan en su planeación actividades que fomenten las características personales del alumno en el aprendizaje. La resolución de problemas para el aprendizaje es una característica propia del *modelo pedagógico por competencias*.

La formación basada en competencias (Tobón, 2010) no puede referirse a la competitividad de quien sólo se forma competentemente para tener mayor poder o dominar sobre los otros, sino formarse competentemente para hacer el bien de manera cooperativa. Formar en competencias (Ávila, López y Fernández, 2007) es formar en y para la acción, en la toma de decisiones para convertir el saber sabio en saber práctico.

Tabla 15: *Elementos básicos de la planeación de clase que considera como principales.*

	Frecuencia	Porcentaje	Porcentaje válido	Porcentaje acumulado
No respondió	1	2.7	2.7	2.7
El diseño de objetivos para el aprendizaje	11	29.7	29.7	32.4
Las actividades que fomenten las características personales en el aprendizaje	2	5.4	5.4	37.8
La integración de las ideas hacia el aprendizaje	10	27.0	27.0	64.9
La resolución de problemas para el aprendizaje	13	35.1	35.1	100.0
Total	37	100.0	100.0	

Fuente: Elaboración propia con base en resultados de Encuesta para Docentes (2016).

Más de la mitad de los docentes de ciencias sociales, 62.2 % considera para la selección de los contenidos (Ver tabla 16) y subsecuentemente para la modificación del plan de clase las ideas de los alumnos al inicio, durante y final de la clase. Otro grupo de profesores, 32.4 % reconocen que consideran las ideas de los alumnos, al inicio o final de la clase para modificar su plan de clase o bien al finalizar del curso como un referente para modificar el programa de estudios y mejorarlo en su próxima impartición de curso.

Se identifica en la selección de contenidos de clase, la influencia de los *modelos pedagógicos tradicional conductual* y con mayor peso en los *modelos constructivistas y por competencias.*

Considerar como esenciales, las ideas de los alumnos al inicio o final de la clase para modificar su plan de clase o bien al finalizar del curso, y no en todo el proceso es una *práctica educativa tradicional conductual.* Los contenidos son expresados en forma verbal y expositiva para comunicar los contenidos del curso o la clase (tradicional). Los contenidos están orientados a objetivos instruccionales fijados con precisión, los cuales deben ser aceptados (conductual).

Por otra parte, considerar como esenciales, las ideas de los alumnos al inicio, durante y final de la clase para modificar el plan de clase, es decir en todo el proceso de enseñanza aprendizaje, son rasgos distintivos de la práctica educativa *constructivista y por competencias*. El contenido debe ajustarse a las modificaciones sucesivas de las estructuras cognoscitivas (constructivista).

El contenido debe dar seguimiento al desarrollo de qué aprenden los alumnos y cómo lo aprenden, sin que, a razón de ello, el profesor pase a un segundo lugar, muy al contrario (competencias). Las competencias requieren de una selección de contenidos de clase que potencie el desarrollo de las competencias tanto a nivel individual como colectivo, sin que ello conlleve a forzar a los sujetos a realizar o asumir tareas para las que no estén apto; el desarrollo de las competencias sólo será posible en tanto los docentes conozcan y desarrollen los estilos de aprendizaje de sus alumnos, (García, 2011).

Tabla 16: *Elementos que considera esenciales para la selección de los contenidos de la clase.*

	Frecuencia	Porcentaje	Porcentaje válido	Porcentaje acumulado
No respondió	2	5.4	5.4	5.4
Las ideas de los alumnos al final del curso para modificar el programa	7	18.9	18.9	24.3
Las ideas de los alumnos al iniciar la clase para modificar la clase	2	5.4	5.4	29.7
Las ideas de los alumnos al final de la clase para modificar el plan de clase	3	8.1	8.1	37.8
Las ideas de los alumnos al inicio, durante y final de la clase para modificar el plan de clase	23	62.2	62.2	100.0
Total	37	100.0	100.0	

Fuente: Elaboración propia con base en resultados de Encuesta para Docentes (2016).

Los elementos que más destacan como esenciales para la selección de propósitos u objetivos de la clase de los docentes de ciencias sociales (Ver tabla 17) es el logro de los objetivos basado en el desarrollo de procesos activos, 40.5% y el logro de los objetivos basados en el desarrollo de habilidades sociales, 35.1 %. El logro de los objetivos basados en el desarrollo de los procesos activos y el desarrollo de las habilidades sociales, son rasgos de los *modelos pedagógicos constructivistas y por competencias*. Los docentes priorizan en la selección de propósitos u objetivos de la clase, el aprendizaje autónomo, lo que permite al estudiante aprender haciendo (aprendizaje activo), ser gestor de su propio conocimiento y de los aprendizajes significativos logrados.

En el aprendizaje activo (Esteba, 2013), el alumno se mueve en un ámbito en el que dispone de mayor libertad de la que disponía en otros tipos de aprendizajes por lo que debe sentirse responsable de su tarea, aprende a aprender, siendo consciente sus intereses y sus limitaciones; por su parte, el profesor actúa como guía, y en muchos casos apoyándose también en los compañeros, ya que el aprendizaje tiene un carácter eminentemente social: aprendemos con y de los demás (Ortega, 2008). Las habilidades sociales (Muñoz, Crespí y Angrehs, 2011), se desarrollan y potencian a través del proceso de maduración y experiencia vivencial, que a su vez comparta un proceso de aprendizaje, reflejado en un alumno, que sabe relacionarse adecuadamente con los demás, sabe ser aceptado y valorado socialmente.

Tabla 17: *Elementos que considera esenciales para la selección de propósitos u objetivos de la clase.*

	Frecuencia	Porcentaje	Porcentaje válido	Porcentaje acumulado
El logro de los objetivos basado en conductas observables	3	8.1	8.1	8.1
El logro de los objetivos basado en la responsabilidad personal	6	16.2	16.2	24.3
El logro de los objetivos basado en el desarrollo de procesos activos	15	40.5	40.5	64.9

El logro de los objetivos basados en el desarrollo de habilidades sociales	13	35.1	35.1	100.0
Total	37	100.0	100.0	

Fuente: Elaboración propia con base en resultados de Encuesta para Docentes (2016).

La principal forma de presentar los elementos que integran el programa de estudio de la asignatura de los docentes de ciencias sociales (Ver tabla 18) es presentar el programa para que los estudiantes analicen y reflexionen el mismo. Otros grupos representativos expresan que su intención al presentar el programa de estudios es para hacerles de su conocimiento, 24.3 % y para ponerles a consideración y participación grupal de los alumnos, 24.3% Solo el 16.2 % de los profesores presenta el programa de estudios a los estudiantes para su comprensión y posible reformulación en caso de requerir modificaciones.

Estas formas principales de presentar los elementos que integran el programa de estudio son características propias del *modelo pedagógico conductual y modelo pedagógico constructivista*, mismo que privilegia el análisis, la reflexión y comprensión para someter el programa a consideración de los estudiantes y hacer la reformulación y los ajustes correspondientes. Bajo el modelo conductista, el profesor es programador de objetivos, la participación del estudiante se limita a cierta participación como el análisis de los elementos que integran el programa de estudio, el aprendizaje se da como consecuencia de objetivos instruccionales y el moldeamiento de la conducta del estudiante. El modelo pedagógico constructivista pretende la formación de personas capaces de tomar decisiones y emitir juicios de valor, lo que implica una participación activa entre profesores y estudiantes que interactúan en el desarrollo de la clase, incluido la revisión del programa de estudios y adaptarlo a un plan de clase que considere las necesidades e intereses de los estudiantes, sin que ello implique cambios profundos en la intencionalidad del curso.

Por otro lado, destaca el *modelo pedagógico tradicional*, en sentido de que hay docentes que presentan el programa de estudios solo para conocimiento del alumno. En el modelo pedagógico tradicional, se identifican como características la problemática con los objetivos de aprendizaje, el aspecto de la intencionalidad de la enseñanza centra su atención en ciertas metas y propósitos de la institución y del profesor, preferentemente en la imposición de la autoridad personal del maestro al alumno, no concede una importancia relevante en los planes y programas de estudio.

Tabla 18: *Principales formas de presentar los elementos que integran el programa de estudios de la asignatura.*

	Frecuencia	Porcentaje	Porcentaje válido	Porcentaje acumulado
Presentando a los alumnos el programa de estudios para su conocimiento	9	24.3	24.3	24.3
Presentando a los alumnos el programa de estudios para su comprensión y posible reformulación	6	16.2	16.2	40.5
Presentando a los alumnos el programa de estudios para su análisis y reflexión	13	35.1	35.1	75.7
Presentando el programa de estudios a la consideración y participación grupal de los alumnos	9	24.3	24.3	100.0
Total	37	100.0	100.0	

Fuente: Elaboración propia con base en resultados de Encuesta para Docentes (2016).

Más de la mitad de los docentes de las ciencias sociales, 62.2 % destacan como principal forma de organizar al grupo durante la clase es la conformación de grupos para el trabajo colaborativo (Ver tabla 19). Otros grupos de docentes representativos señalan que organiza al grupo de estudiantes hacia acciones netamente académicos, 24.3 % y hacia acciones que promueven la capacidad para recoger, integrar y recordar información, 13.5 %.

El trabajo colaborativo, como principal forma de organizar al grupo durante la clase, es una característica propia del *modelo pedagógico constructivista*. La actividad colaborativa se fundamenta en la epistemología constructivista aluden Pérez, Bustamante y Maldonado

(2007) produce resultados de alta calidad, cuando los participantes comprenden que la forma de tratar y examinar esa actividad surge de la interrelación, el diálogo, la negociación y en la calidez de la palabra.

Tabla 19: *Principales formas de organizar al grupo durante la clase.*

	Frecuencia	Porcentaje	Porcentaje válido	Porcentaje acumulado
Hacia acciones netamente académicas	9	24.3	24.3	24.3
Hacia acciones que promueven la capacidad para recoger, integrar y recordar información	5	13.5	13.5	37.8
Hacia la conformación de grupos para el trabajo colaborativo	23	62.2	62.2	100.0
Total	37	100.0	100.0	

Fuente: Elaboración propia con base en resultados de Encuesta para Docentes (2016).

Poco más de la mitad de los docentes de las ciencias sociales, 54.1 % destacan que la principal forma de distribución del tiempo para eficientar las actividades de la clase es planificando manera flexible las actividades de la clase para el trabajo grupal (Ver tabla 20). Otros grupos de profesores con menor representación optan por una planificación de las actividades de la clase de acuerdo con la programación establecida, 32.4 %, y otros por una planeación de actividades basado en acciones eficaces al logro de actitudes propositivas de los alumnos, 10.8 %. Solo el 2.7 % de los docentes considera en la programación de cantidades acciones dosificadas del tiempo para actividades de investigación.

Las actividades para el trabajo grupal como una estrategia para eficientar las actividades de clase son rasgos particulares del *modelo pedagógico constructivista*, donde sus miembros adquieren colectivamente nuevo conocimiento por medio de la experiencia de trabajar juntos, de colaborar y cooperar, postulados constructivistas.

El constructivismo basa la enseñanza en la interacción y la comunicación de los alumnos y en el debate y la crítica argumentativa del grupo para lograr resultados cognitivos y éticos y soluciones a los problemas reales comunitarios mediante la interacción teórico-práctica (Pesantes, 2002).

El aprendizaje colaborativo (Leidner y Jarvenpaa, 1995) citado por Scagnoli, (2005) ayuda a desarrollar el pensamiento crítico en los estudiantes, contribuye a mejorar las relaciones interpersonales, pues implica que cada uno de los miembros aprenda a escuchar, discernir y comunicar sus ideas u opiniones a los otros con un enfoque positivo y constructivista.

El trabajo colaborativo empleado en las aulas universitaria resulta relevante y oportuno, por cuanto no sólo se logra que los estudiantes aprendan y generen conocimiento sobre aspectos de la disciplina que estudian, sino que también se da un gran aprendizaje humano (Maldonado, 2007).

Tanto docentes como estudiantes, requieren de comprender que la actividad grupal, colaborativa y cooperativa, sólo se logrará en la medida que sea asumida conscientemente por los actores como una estrategia didáctico formativo que favorecerá el cumplimiento de los objetivos comunes y desarrollo de competencias.

Tabla 20: *Principales formas de distribución del tiempo para eficientar las actividades de la clase.*

	Frecuencia	Porcentaje	Porcentaje válido	Porcentaje acumulado
Planificando de acuerdo a la programación establecida	12	32.4	32.4	32.4
Planificando acciones eficaces al logro de actitudes propositivas de los alumnos	4	10.8	10.8	43.2
Planificando acciones dosificadas del tiempo para actividades de investigación	1	2.7	2.7	45.9
Planificando de manera flexible las actividades para el trabajo grupal	20	54.1	54.1	100.0
Total	37	100.0	100.0	

Fuente: Elaboración propia con base en resultados de Encuesta para Docentes (2016).

Entre las principales acciones que predomina en los docentes de ciencias sociales (Ver tabla 21) son las prácticas colaborativas, 35.1 %, seguido de la aplicación del conocimiento teórico en el desarrollo práctico colaborativo, 29.7 %, y mediante la formación de conceptos, interpretación de datos y aplicación de principios, 27 %.

Las aplicaciones de conocimiento en el desarrollo y las acciones colaborativas y compartidas entre docentes y alumnos predominante en la práctica docente es una característica propia del *modelo pedagógico constructivista*, los entornos de aprendizaje constructivista apoyan la construcción colaborativa del aprendizaje, a través de la negociación social (Jonassen, 1994) citado por (Hernández, 2008).

Tabla 21: *Principales acciones que desarrolla para demostrar el dominio del conocimiento de la asignatura.*

	Frecuencia	Porcentaje	Porcentaje válido	Porcentaje acumulado
Mediante la presentación practica estructurada y guiada e independiente	3	8.1	8.1	8.1
Mediante acciones colaborativas y compartidas entre docentes y alumnos	13	35.1	35.1	43.2
Mediante la formación de conceptos, interpretación de datos y aplicación de principios	10	27.0	27.0	70.3
La aplicación del conocimiento teórico en el desarrollo práctico colaborativo	11	29.7	29.7	100.0
Total	37	100.0	100.0	

Fuente: Elaboración propia con base en resultados de Encuesta para Docentes (2016).

Poco más de la mitad de los docentes de las ciencias sociales, 51.4 % destacan como principales acciones que favorecen el diálogo las interacciones de cooperación entre los alumnos (Ver tabla 22). Otros grupos de profesores con menor representación señalan que para favorecer el diálogo alumno-alumno, realizan acciones conjuntas que verifique y comprueben la información 27 %, la aceptación entre iguales 10.8% y la retroalimentación docente, 10.8 %. Las interacciones de cooperación entre los alumnos que privilegian los docentes de las ciencias sociales coinciden con las características del *modelo pedagógico constructivista*, en el diálogo alumno-alumno los intercambios y las acciones mediatizadas de cooperación son elementos fundamentales durante el aprendizaje.

Tabla 22: *Principales acciones que favorecen el diálogo entre alumno-alumno.*

	Frecuencia	Porcentaje	Porcentaje válido	Porcentaje acumulado
A través de la retroalimentación docente	4	10.8	10.8	10.8
A través de acciones que fortalezcan la aceptación entre iguales	4	10.8	10.8	21.6
A través de acciones conjuntas que verifique y comprueben la información	10	27.0	27.0	48.6
A través de las interacciones de cooperación entre los alumnos	19	51.4	51.4	100.0
Total	37	100.0	100.0	

Fuente: Elaboración propia con base en resultados de Encuesta para Docentes (2016).

Casi todos los docentes de las ciencias sociales, 91.8 % reconocen que desarrollan como principales estrategias didácticas durante la clase actividades que inducen a la reflexión analítica y al trabajo colaborativo en equipo (Ver tabla 23) El 8.2 % de los profesores expresan que sus estrategias didácticas son más inducidas a las actividades individuales expositivas y retroalimentadas, así como actividades que propicien el desarrollo individual autónomo. Las actividades que inducen la reflexión analítica y el trabajo colaborativo en equipos son rasgos propios del *modelo pedagógico constructivista*.

Tabla 23: *Principales estrategias didácticas que desarrolla durante la clase.*

	Frecuencia	Porcentaje	Porcentaje válido	Porcentaje acumulado
Actividades expositivas y retroalimentadas (Individuales)	2	5.4	5.4	5.4
Actividades que propicien el desarrollo autónomo (personal)	1	2.7	2.7	8.1
Actividades que inducen a la reflexión (análisis)	18	48.6	48.6	56.8
Actividades que inducen al trabajo colaborativo (equipos)	16	43.2	43.2	100.0
Total	37	100.0	100.0	

Fuente: *Elaboración propia con base en resultados de Encuesta para Docentes (2016).*

Entre los principales recursos didácticos utilizados por los docentes de las ciencias sociales (Ver tabla 24) destacan el uso de herramientas didácticas que promueven la indagación del alumno 32.4 % y de recursos didácticos para el desarrollo de la creatividad del alumno 27 %. La indagación científica como herramienta didáctica que predomina en la enseñanza de las ciencias sociales es un enfoque asumido que reside en la corriente del *modelo pedagógico constructivista.* En la indagación guiada (Latorre, 2015) cada individuo tiene construye su propio conocimiento, sin indagación no hay construcción de conocimiento.

Tabla 24: *Principales recursos didácticos que promueve en los procesos de enseñanza-aprendizaje.*

	Frecuencia	Porcentaje	Porcentaje válido	Porcentaje acumulado
No respondió	1	2.7	2.7	2.7
Uso de herramientas para exploración y exposición de tareas	5	13.5	13.5	16.2

Uso de herramientas didácticas que promuevan la creatividad autorrealización del alumno	10	27.0	27.0	43.2
Uso de herramientas didácticas que promueven la indagación del alumno	12	32.4	32.4	75.7
Uso de las herramientas didácticas que están a la disposición para el trabajo grupal	9	24.3	24.3	100.0
Total	37	100.0	100.0	

Fuente: Elaboración propia con base en resultados de Encuesta para Docentes (2016).

Los docentes de las ciencias sociales, 43.2 % incorporan en sus estrategias de evaluación la aplicación de mecanismos de autoevaluación permanente del trabajo grupal colaborativo (Ver tabla 25). Otros grupos con menor representación destacan más la evaluación individual de los alumnos en los procesos de enseñanza-aprendizaje 29.7 %.

Estos mecanismos de evaluación predominantes en los docentes de ciencias sociales corresponden al *modelo pedagógico constructivista* y *modelo pedagógico tradicional conductista*. Lo anterior en sentido de que la evaluación constructivista es integral, continua, formativa y valora el aprendizaje no solo individual sino también grupal, colaborativo y cooperativo; mientras que la evaluación tradicional conductista, se limita a la evaluación individual y a veces autoritaria.

Tabla 25: *Principales mecanismos de evaluación en los procesos de enseñanza-aprendizaje en los alumnos.*

	Frecuencia	Porcentaje	Porcentaje válido	Porcentaje acumulado
No respondió	1	2.7	2.7	2.7
Evaluación individual	11	29.7	29.7	32.4
Autoevaluación permanente individual	3	8.1	8.1	40.5

Autoevaluación permanente en los procesos de indagación e investigación	6	16.2	16.2	56.8
Autoevaluación permanente del trabajo grupal colaborativo	16	43.2	43.2	100.0
Total	37	100.0	100.0	

Fuente: Elaboración propia con base en resultados de Encuesta para Docentes (2016).

Los docentes de las ciencias sociales aplican principalmente una evaluación que valora más los ejercicios de indagación científica 29.7 %, así como ejercicios que desarrollen la creatividad y el autoconocimiento del alumno 27 % (Ver tabla 26). Otros grupos de profesores orientan la evaluación a la asignación de tareas y examen 21.6 % y en la participación en problemas de tipo social 21.6 %.

Estos diferentes mecanismos de evaluación corresponden a diversos modelos pedagógicos, como el *tradicional conductual* al evaluar tareas y ejercicios, el *constructivista* al evaluar la indagación científica con mayor peso respecto a los otros mecanismos, y el de *competencias*, al valorar la creatividad, el autoconocimiento y la participación de los estudiantes en la resolución problemas de tipo social.

Tabla 26: *Principales mecanismos de evaluación que aplica en su proceso de enseñanza-aprendizaje.*

	Frecuencia	Porcentaje	Porcentaje válido	Porcentaje acumulado
Mediante la asignación de tareas y examen	8	21,6	21,6	21,6
Mediante ejercicios que desarrollen la creatividad y el autoconocimiento del alumno	10	27,0	27,0	48,6
Mediante ejercicios de indagación científica	11	29,7	29,7	78,4

Mediante la participación en problemas de tipo social	8	21,6	21,6	100,0
Total	37	100,0	100,0	

Fuente: Elaboración propia con base en resultados de Encuesta para Docentes (2016).

Los hallazgos más relevantes encontrados en esta investigación ponen en evidencia que los postulados del Modelo Educativo de la Universidad Autónoma de Tamaulipas, caracterizados por la enseñanza innovadora, flexibilidad, aprendizaje centrado en el alumno, formación crítica, reflexiva y autónoma de los estudiantes, no se cumplen en su totalidad en la enseñanza de las ciencias sociales. Persiste la coexistencia de modelos pedagógicos tradicionales, conductuales, constructivistas y por competencias, que a su vez es reflejado en una diversidad de modelos de enseñanza, medios y ambientes de aprendizaje, y prácticas docentes en las ciencias sociales. Si bien se trata de varios modelos pedagógicos que coexisten en la enseñanza de las ciencias sociales, es el modelo pedagógico constructivista que tiene mayor peso en la enseñanza de las ciencias sociales y que coincide con el modelo educativo institucional.

CAPÍTULO V

Conclusiones y Recomendaciones

Los profesores de las ciencias sociales de la Universidad Autónoma de Tamaulipas fundamentan teórica y metodológicamente sus modelos y estrategias de enseñanza principalmente en los modelos pedagógicos constructivistas y por competencias, destacando principalmente los siguientes aspectos:

a) Asumen que la enseñanza no es una simple transmisión de conocimientos sino una tarea de organización de métodos de apoyo y situaciones de aprendizaje que permiten a los alumnos construir su propio saber, la capacidad de trabajo en equipo y la capacidad para la solución creativa de los problemas a su vez que estos problemas se transforman en retos cada vez más complejos.

b) Atribuyen a los objetivos de aprendizajes como un elemento orientador de la formación profesional docente que pretende preparar a los estudiantes para la actividad del campo profesional y contribuir en la sociedad con responsabilidad y capacidad para aplicar los saberes propios de su profesión y de su disciplina en la resolución de problemas y la transformación social.

c) Plantean problemas holísticos y relevantes, implicando que los estudiantes realicen una fuerte cantidad de actividad cognitiva, así como la adquisición de conocimientos, habilidades y actitudes orientadas al logro de un producto concreto.

d) Asumen como indispensables la aplicación de métodos y estrategias de enseñanza que privilegian un aprendizaje centrado en el estudiante, la aplicación estrategias didácticas innovadoras propio de la enseñanza de las ciencias sociales.

e) Orientan su enseñanza hacia la construcción del conocimiento, el aprendizaje significativo y colaborativo, reflexionando su propia práctica docente y acompañando a los estudiantes en la resolución de problemas para el aprendizaje y la identificación de problemas que se transformen en retos cada vez más complejos.

f) Crean ambientes y medios de aprendizaje para que cada individuo logre su desarrollo intelectual de acuerdo con las necesidades y condiciones particulares apoyándose en la experiencia previa y el aprendizaje significativo.

g) Presentan los elementos que integran el programa de estudio, privilegian el análisis, la reflexión y comprensión para someter el programa a consideración de los estudiantes y hacer la reformulación y los ajustes correspondientes.

h) Priorizan en la selección de propósitos u objetivos de la clase, el aprendizaje autónomo, lo que permite al estudiante aprender haciendo (aprendizaje activo), ser gestor de su propio conocimiento y de los aprendizajes significativos logrados.

i) Justan los contenidos a las modificaciones sucesivas de las estructuras cognoscitivas y modifican el plan de clase con la participación de los alumnos al inicio, durante y final de la clase y del curso.

j) Fomentan el trabajo colaborativo, las interacciones y acciones mediatizadas de cooperación como principal forma de organizar al grupo durante la clase como una estrategia para eficientar las actividades para que los estudiantes construyan colectivamente nuevo conocimiento por medio de la experiencia de trabajar juntos.

k) Promueven la indagación científica como una herramienta didáctica esencial para la construcción del conocimiento.

l) Instrumentan prácticas de una evaluación integral, continua, formativa y que valora el aprendizaje no solo individual sino también grupal, colaborativo y cooperativo. Lo que resulta relevante y oportuno en las aulas universitarias dado que logra que los estudiantes aprendan y generen conocimiento sobre aspectos no solo de la disciplina que estudian, sino que también se da un gran aprendizaje humano, ayuda a desarrollar el pensamiento crítico reflexivo en los estudiantes, mejorar las relaciones interpersonales (Scagnoli, 2005; Maldonado, 2007).

Los docentes de las ciencias sociales se inclinan también, aunque con menor peso hacia una práctica educativa sustentada en los modelos pedagógicos tradicional y conductual, entre los que destacan:

a) Comunican la intención del curso vía el programa de estudio, esperando que los acepten como está diseñado y legitimado la materia.

b) Formulan objetivos instruccionales y estos no son reafirmados y reformulados con la participación de los alumnos.

c) Si bien seleccionan y comunican los contenidos del curso, los alumnos participan limitadamente en la elección de los contenidos.

d) Operan en medios y ambientes de aprendizaje donde se percibe que el refuerzo es indispensable para el logro de las metas, los alumnos si bien se fortalecen en conocimiento, estos aprenden a ser rivales y competidores más que compañeros.

e) Implementan mecanismos de evaluación tradicional conductista, concentrando su práctica docente en la evaluación individual y en su efecto perverso de la misma a veces autoritaria. Lo que conduce a una observación medición del aprendizaje, la repetición y memorización de la información ajenos a la realidad que viven los estudiantes, (Pesantes, 2002; Flórez, 2005), en suma, una enseñanza basada en el control perverso de los objetivos.

Por otra parte, si bien el Modelo Educativo de la UAT adopta el modelo pedagógico constructivista y se asume con transición al modelo pedagógico por competencias, se encontró que no todos los docentes están satisfechos con estas formas de enseñanza. La satisfacción con las formas de enseñanza podría explicarse por la coincidencia e interés de un modelo pedagógico que anuncia la enseñanza de los conocimientos básica, disciplinaria y profesional, innovación en la enseñanza, centrado en el estudiante, flexibilidad curricular, entre otros elementos. Mientras que la mediana o nula satisfacción de los docentes respecto del modelo pedagógico oficial, podría comprenderse asumiendo que los docentes probablemente no conocen el modelo educativo y si lo conocen no lo llevan a la práctica, no han recibido una capacitación, factores que podrían estudiarse para analizar porque los docentes operan con prácticas pedagógicas tradicionales diferentes al establecido por la institución.

El estudio coindice con otras investigaciones que han puesto en evidencia que en la didáctica de las ciencias sociales el aprendizaje tradicional conductual no favorece la capacidad de adquirir aprendizajes significativos, imposibilita conectar el contenido con la realidad del alumnado (Fuster, 2015); es necesario sensibilizar a los maestros y alumnos hacia el uso de nuevas estrategias didácticas (Martínez, 2004), instrumentar estrategias didácticas innovadoras, dirigidas a hacer pensar al alumnado y a predisponerles y enseñarles para intervenir en contextos sociales (Pagés, 2009), intentar otras prácticas que le permitan al docente de las ciencias sociales explorar su ejercicio pedagógico (Zapata y Quiroz, 2012), involucrar a los estudiantes diseñando sus rutas de aprendizaje y comprometiéndoles en el proceso Machemer y Crawford (2007, Gargallo *et al.*, 2015), así como llevar a cabo una transformación en las estrategias didácticas con la finalidad de desarrollar habilidades y aptitudes que permitan una mayor apertura en la relación pedagógica y también incorporar otros enfoques de enseñanza (Flores, 2014).

Finalmente, los resultados de investigación coinciden con otros estudios que demuestran que no existe ningún modelo único capaz de hacer frente a todos los tipos y estilos de aprendizaje (Joyce y Weil, 1985), y que los modelos educativos no se cumplen en su totalidad, como es el caso de la UAT, donde existe una diversidad de prácticas educativas al coexistir varios modelos de enseñanza (Llado *et al.*, 2013), y lo cual es reafirmado con el presente estudio en un contexto específico de la UAT, el caso de los profesores de las ciencias sociales.

Se recomienda, profundizar en el tema de investigación explorando otras vertientes, objetos de estudio más específicos y experimentando otras metodologías como es el caso de la investigación cualitativa o la aplicación del método mixto, estudios comparativos, causales, poniendo énfasis en otros contextos, categorías, dimensiones y variables como la reforma educativa, los perfiles idóneos para la didáctica de las ciencias sociales, los aprendizajes logrados en pruebas nacionales e internacionales en relación a asignaturas de las ciencias sociales, la formación integral de los estudiantes y desarrollo profesional de los egresados de programas vinculados a la enseñanza de las ciencias sociales.

En cuanto al objeto de estudio, se recomienda el diseño y desarrollo de programas y acciones de inducción, capacitación y actualización en relación al modelo educativo y académico de la UAT que permita a los docentes de las ciencias sociales y de otros campos, sensibilizarse, concientizarse y habilitarse en la aplicación del modelo pedagógico en sus procesos de enseñanza aprendizaje y en la formación de profesores de las ciencias sociales.

Por último, se propone la creación de un Departamento de Didáctica de las Ciencias Sociales en la Universidad Autónoma de Tamaulipas, que a su vez integre un Cuerpo Académico de Enseñanza de las Ciencias Sociales y las Líneas de Generación y Aplicación Innovadora del Conocimiento pertinentes, como un espacio académico reconocido en el campo de la investigación y la docencia especializado en problemas de la educación y las necesidades didácticas, pedagógicas y de enseñanza de las ciencias sociales.

ANEXO

Cuestionario

DIVISIÓN DE ESTUDIOS DE POSTGRADO

Estimado Docente de la UAT

El presente cuestionario, tiene el propósito de obtener información de su experiencia docente. Vinculada al uso de las estrategias didácticas que utiliza en su práctica frente a grupo. La información es importante para el desarrollo de la investigación denominada "Modelos de enseñanza y estrategias didácticas de las Ciencias Sociales", los datos que proporcionen serán tratados con estricta confidencialidad. Agradecemos de antemano su sinceridad al responder a todas y cada una de las preguntas que se le formulan.

Parte I.- Datos Generales

1. UAM a la que pertenece	Nombre:			
2. Carrera a la que se encuentra asignado	Nombre:			
3. Tipo de nombramiento	Tiempo completo	( )	Horario libre	( )
4. Género	Masculino	( )	Femenino	( )
5. Antigüedad docente	6. Periodo(s) escolar(es) en que imparte clases			
De 1 a 5 años	( )	segundo		( )
De 6 a 10 años	( )	cuarto		( )
De 11 a 15 años	( )	sexto		( )
De 16 a 20 años	( )	octavo		( )
De 21 a 25 años	( )	Otro		( )
De 26 a 30 años	( )	¿Cuál?:		( )
De 31 años y más	( )			
7. Nivel máximo de estudios	8. Certificaciones académicas			
Técnico Superior Universitario	( )	Promep		( )

Licenciatura	( )	SNI	( )
Especialidad	( )	Otro	( )
Maestría	( )	¿Cuál?	
Doctorado	( )		

Parte II.- Modelos de Enseñanza

Señale en el recuadro según corresponda

9. Señale el grado de importancia que le asigna en la formulación de objetivos de aprendizaje a los siguientes aspectos:	Mucho	Poco	Nada
a) Que el alumno analiza y utiliza la información que se le proporciona con sentido reflexivo y crítico para explorar nuevos hechos			
b) Que el alumno se autovalora y acepta tal cual es, trabaja a su propio ritmo y es capaz de desarrollar y aplicar su creatividad ante los problemas que se le presenten.			
c) Que el alumno trabaje en equipo, elabora y participa colectivamente en planes y proyectos de trabajo, realiza propuestas de solución ante problemáticas específicas			
10. ¿Qué importancia le atribuye a los siguientes objetivos de aprendizaje, que orientan la formación profesional docente para con sus estudiantes?	Mucho	Poco	Nada
a) Desarrollar la capacidad reflexiva y crítica para inferir e interpretar información que le permitan interactuar socialmente con los problemas de su profesión			
b) Asumir su responsabilidad personal hacia el trabajo y progrese en base a sus características personales			
c) Ser capaces de resolver problemas propios de su profesión e interactuar socialmente			
11. Señale que tan Indispensables (I), Necesarias (N) o Complementarias (C) resultan las siguientes estrategias didáctico-formativas que se encuentran presentes en su enseñanza y que propician el aprendizaje centrado en el estudiante?	I	N	C
Propicia la participación de los alumnos para exponer razones, hipótesis, opiniones, explicaciones de un hecho, relacionando los conocimientos previos de los estudiantes con información nueva que usted le proporciona			
Propicia la discusión interactiva y guiada de determinados temas para compartir entre los estudiantes conocimientos y experiencias previas sobre las temáticas que se abordan			

Realiza un proceso introductorio compuesto por un conjunto de conceptos y proposiciones los nuevos contenidos que se van a aprender en el curso y en cada unidad temática del mismo			
Relaciona en cada nueva experiencia de aprendizaje (del curso o de las unidades temáticas) con un conjunto de conocimientos y experiencias análogas que ayudan a comprenderlos			
Elabora representaciones gráficas de los contenidos de la(s) asignatura(s) que imparte para que el alumno aprenda los significados de esos contenidos y luego profundizar tanto como el alumno lo desee			
Realiza representaciones gráficas de los contenidos temáticos para establecer un enlace más claro entre los conocimientos previos y el reconocimiento de la información nueva que se ha de aprender, para reflexionar sobre el proceso de aprendizaje y para que los alumnos lo utilicen como fuente de autoevaluación			
Realiza actividades de enseñanza-aprendizaje alrededor de problemas holísticos y relevantes, implicando que los estudiantes realicen una fuerte cantidad de actividad cognitiva			
Elabora actividades que permiten a los alumnos la adquisición de conocimientos, habilidades y actitudes orientadas al logro de un producto concreto			
Mediante la lectura de textos realiza actividades para que el estudiante reconozca lo que es importante y a qué aspectos hay que dedicarle un mayor esfuerzo constructivo, a la vez que facilitarle la adquisición e integración de los contenidos que desea sean aprendidos			

12. ¿Señale que tan Satisfecho (S), Medianamente Satisfecho (MS) o Nada Satisfecho (NS) se encuentra usted en cuanto a las características de enseñanza-aprendizaje predominantes en el modelo académico de la UAT y sus necesidades docentes?	S	MS	NS
Conocimientos disciplinares			
Situaciones sociales relevantes			
En términos de transmisión de conocimientos			
Adaptación de los conocimientos al nivel de los alumnos para que, después del curso, los puedan aplicar a futuro conocimientos			
Creación de situaciones didácticas que enfrentan a los estudiantes a tareas auténticas en contextos reales			
Lecciones enfocadas en el aprendizaje de teorías y métodos. Énfasis en ejercicios de comprensión, aplicación y repaso del contenido curricular			

Parte III.- Ambientes y Medios de Aprendizaje

Seleccione el cuadro según corresponda

13. ¿Qué es lo que ha tenido éxito promoviendo el aprendizaje en los estudiantes?	Mucho	Poco	Nada
a) Las metas de los alumnos son independientes entre sí			
b) Los estudiantes piensan que alcanzarán sus metas si los otros no alcanzan las suyas			
c) Las metas de los alumnos son compartidas			
d) El logro de los objetivos depende del trabajo, capacidad y esfuerzo de cada quien			
e) Los estudiantes son percibidos como rivales y competidores más que como compañeros			
f) Se trabaja para maximizar el aprendizaje de todos			
g) No hay actividades conjuntas			
h) Los alumnos son comparados y ordenados entre sí			
i) El equipo trabaja junto hasta que todos los miembros han entendido y completado las tareas			
j) Lo que importa es el logro y el desarrollo personal, sin tomar en cuenta el de los demás			
k) El alumno obtiene una mejor calificación en la medida que las de los otros sean más bajas			
l) Es importante la adquisición de valores y habilidades sociales (ayuda mutua, diálogo, empatía, tolerancia), el control de emociones e impulsos, el intercambio de puntos de vista			

Parte IV.- Práctica Docente

Seleccione el cuadro que corresponda

14. La forma de enseñanza que caracteriza mayormente a su práctica docente es:	Mucho	Poco	Nada
a) Promover actividades a través de grupos colaborativos			
b) Promover actividades hacia el sentido de la autoestima			
c) Promover actividades hacia la construcción del conocimiento			
d) Promover actividades hacia el comportamiento de los alumnos			

15. ¿Qué elementos básicos de la planeación de clase considera como principales?	Mucho	Poco	Nada
a) La resolución de problemas para el aprendizaje			
b) La integración de las ideas hacia el aprendizaje			
c) Las actividades que fomenten las características personales en el aprendizaje			
d) El diseño de objetivos para el aprendizaje			

16. En la selección de los contenidos de la clase ¿qué elementos considera esenciales para la enseñanza?	Mucho	Poco	Nada
a) Las ideas de los alumnos al inicio, durante y final de la clase para modificar el plan de clase			
b) Las ideas de los alumnos al final de la clase para modificar el plan de clase			
c) Las ideas de los alumnos al iniciar la clase para modificar la clase			
d) Las ideas de los alumnos al final del curso para modificar el programa			

17. ¿Para la selección de propósitos u objetivos de la clase considera?	Mucho	Poco	Nada
a) El logro de los objetivos basados en el desarrollo de habilidades sociales			
b) El logro de los objetivos basado en el desarrollo de procesos activos			
c) El logro de los objetivos basado en la responsabilidad personal			
d) El logro de los objetivos basado en conductas observables			

18. ¿Cómo presenta generalmente los elementos que integran el programa de estudios de la asignatura?	Mucho	Poco	Nada
a) Presentando el programa de estudios a la consideración y participación grupal de los alumnos			
b) Presentando a los alumnos el programa de estudios para su análisis y reflexión			
c) Presentando a los alumnos el programa de estudios para su comprensión y posible reformulación			
d) Presentando a los alumnos el programa de estudios para su conocimiento			

19. ¿Cómo organiza principalmente al grupo durante la clase?	Mucho	Poco	Nada
a) Hacia la conformación de grupos para el trabajo colaborativo			
b) Hacia acciones que promuevan la capacidad para recoger, integrar y recordar información			
c) Hacia la promoción de actitudes genuinas de aceptación del alumno			
d) Hacia acciones netamente académicas			

20. ¿Cómo distribuye principalmente el tiempo para eficientar las actividades de la clase?	Mucho	Poco	Nada
a) Planificando de manera flexible las actividades para el trabajo grupal			
b) Planificando acciones dosificadas del tiempo para actividades de investigación			
c) Planificando acciones eficaces al logro de actitudes propositivas de los alumnos			
d) Planificando de acuerdo a la programación establecida			

21. ¿Qué acciones desarrolla principalmente para demostrar el dominio del conocimiento de la asignatura?	Mucho	Poco	Nada
a) La aplicación del conocimiento teórico en el desarrollo práctico colaborativo			
b) Mediante la formación de conceptos, interpretación de datos y aplicación de principios			
c) Mediante acciones colaborativas y compartidas entre docentes y alumnos			
d) Mediante la presentación, practica estructurada y guiada e independiente			

22. ¿Cómo promueve principalmente en los alumnos la evaluación en los procesos de enseñanza-aprendizaje?	Mucho	Poco	Nada
a) A través de la autoevaluación permanente del trabajo grupal colaborativo			
b) A través de la autoevaluación permanente en los procesos de indagación e investigación			
a) A través de la autoevaluación permanente individual			
b) A través de la evaluación individual			

23. ¿Cómo establece principalmente acciones que favorezcan el diálogo entre alumno-alumno?	Mucho	Poco	Nada
a) A través de las interacciones de cooperación entre los alumnos			
b) A través de acciones conjuntas que verifique y comprueben la información.			
c) A través de acciones que fortalezcan la aceptación entre iguales			
d) A través de la retroalimentación docente			

24. ¿Qué estrategias didácticas desarrolla principalmente durante la clase?	Mucho	Poco	Nada
a) Actividades que inducen al trabajo colaborativo (equipos)			
b) Actividades que inducen a la reflexión (análisis)			
c) Actividades que propicien el desarrollo autónomo (personal)			
d) Actividades expositivas y retroalimentadas (individuales)			

25. ¿Cómo propicia principalmente el uso de recursos didácticos en la enseñanza?	Mucho	Poco	Nada
a) A través del uso de las herramientas didácticas que están a la disposición para el trabajo grupal			
b) A través del uso de herramientas didácticas que promuevan la indagación del alumno			
c) A través del uso de herramientas didácticas que promuevan la creatividad autorrealización del alumno			
d) A través del uso de herramientas para exploración y exposición de tareas			

26. ¿Qué mecanismos de evaluación aplica principalmente en su proceso de enseñanza-aprendizaje?	Mucho	Poco	Nada
a) Mediante la participación en problemas de tipo social			
b) Mediante ejercicios de indagación científica.			
c) Mediante ejercicios que desarrollen la creatividad y el autoconocimiento del alumno			
d) Mediante la asignación de tareas y examen.			

¡Gracias por su colaboración!

REFERENCIAS

Abad, J. (2006). *La escuela como ámbito estético según la pedagogía Reggiana.* Cuadernillo de Trabajo. CSEU La Salle, UAM. Recuperado de http://www.vitoria-gasteiz.org/wb021/http/contenidosEstaticos/adjuntos/es/33/07/43307.pdf

Albacete, C., Miralles, P. y Delgado, C. (2007). Hacia un nuevo modelo profesional basado en las competencias aplicado a la formación de maestros de educación primaria, en Ávila, R.; López, J. y Fernández, E. (Coord): *Las competencias profesionales para la enseñanza-aprendizaje de las ciencias sociales ante el reto europeo y la globalización.* España: Asociación Universitaria de Profesores de Didáctica de las Ciencias Sociales – Ikur, p. 103-114.

Álvarez, M. (2007). Competencias para la enseñanza de las ciencias sociales. Las concepciones del alumnado como punto de partida, en Ávila, R., López, R. y Fernández, E. (Coord): *Las competencias profesionales para la enseñanza-aprendizaje de las ciencias sociales ante el reto europeo y la globalización.* España: Asociación Universitaria de Profesores de Didáctica de las Ciencias Sociales – Ikur, p. 131-140.

Antunez, A. (1999). Paradigma: continuidad o revolución en la enseñanza de las ciencias sociales en América Latina. *Educere,* Año 3, No. 6. Mérida, Venezuela: p. 24-27. Recuperado de www.saber.ula.ve/bitstream/123456789/19492/1/articulo3-6-4.pdf

Astolfi, J. (1997). *Aprender en la escuela.* Chile: Dolmen.

Ávila, R., Alcázar, M. y Díez, M. (2008). *Didáctica de las ciencias sociales, currículo escolar y formación del profesorado: la didáctica de las ciencias sociales en los nuevos planes de estudio.* España: Asociación Universitaria de Profesores de Didáctica de las Ciencias Sociales – Universidad de Jaén – Universidad Internacional de Andalucía, p. 1-714.

Ávila, R., López, J. y Fernández, E. (2007). *Las competencias profesionales para la enseñanza-aprendizaje de las ciencias sociales ante el reto europeo y la globalización*. España: Asociación Universitaria de Profesores de Didáctica de las Ciencias Sociales – Ikur, p. 1-597.

Ávila, R., Rivero, M. y Domínguez, P. (2010). *Metodología de investigación en didáctica de las ciencias sociales*. España: Asociación Universitaria de Profesores de Didáctica de las Ciencias Sociales – Institución Fernando el Católico, p. 1-662.

Ballesteros, E., Fernández, C., Molina, J. y Moreno, P. (2003). *El patrimonio y la didáctica de las ciencias sociales*. España: Asociación Universitaria de Profesores de Didáctica de las Ciencias Sociales - Universidad de Castilla-La Mancha, p. 1-595.

Bolívar, A. y Bolívar, R. (2011). La didáctica en el núcleo del mejoramiento de los aprendizajes. Entre la agenda clásica y actual de la Didáctica. *Perspectiva Educacional*, Vol. 50, No. 2, p. 3-26. Recuperado de http://www.perspectivaeducacional.cl/index.php/peducacional/article/viewFile/38/18

Buitrago, B. (2008). La didáctica: acontecimiento vivo en el aula. *Revista Científica Guillermo de Ockham*, Vol. 6, No. 2, pp. 55-67. Recuperado de http://www.redalyc.org/pdf/1053/105312254004.pdf

Caldarola, C. (2005). *Didáctica de las ciencias sociales*. Buenos Aires: Bonum.

Camilloni, A., Cols, E., Basabe, L. y Feeney, S. (2007). *El saber didáctico*. Buenos Aires: Paidós.

Canfux, V. (1996). *Tendencias pedagógicas contemporáneas*. Colombia: Universidad de Ibague.

Castro, M. y Morales, M. (2015). Los ambientes de aula que promueven el aprendizaje, desde la perspectiva de los niños y niñas escolares. *Revista Electrónica Educare, Vol. 19, No. 3, septiembre-diciembre*. Costa Rica: Universidad Nacional Heredia, p. 1-32. Recuperado de: http://www.redalyc.org/pdf/1941/194140994008.pdf

Chamizo, J. y García, A. (2010). *Modelos y modelaje en la enseñanza de las ciencias naturales*. México: Universidad Nacional Autónoma de México. Recuperado de: http://www.joseantoniochamizo.com/pdf/MyM.pdf

Chong, M. y Castañeda, R. (2012). Sistema educativo en México: El modelo de competencias, de la industria a la educación. *Revista de Filosofía y Letras, Vol. XVII, No. 63, enero-junio*. Guadalajara: Universidad de

Guadalajara. Recuperado de: http://sincronia.cucsh.udg.mx/pdf/2013_a/mercedes_chong_n62_2012.pdf

Contreras, D. (1984). La didáctica y los procesos de enseñanza aprendizaje, en enseñanza curricular y profesorado, introducción a la didáctica, en Madrid, A.; Sarramora, A. y Tarin, J. (Coords): *Tecnología didáctica teórica y práctica de la programación escolar*. Barcelona: CEAC.

De Alba, A. (1998). *Currículum: crisis, mito y perspectivas*. Argentina: Universidad de Buenos Aires.

De Alba, A. (2000). *Crisis y currículum universitario: horizontes posmodernos y utópicos*. Memoria en Extenso, Congreso Internacional de Educación. Buenos Aires.

De Jesús, M., Méndez, R., Andrade, R. y Martínez, R. (2007). Didáctica: docencia y método. Una visión comparada entre la universidad tradicional y la multiversidad compleja. *Revista de Teoría y Didáctica de las Ciencias Sociales*, No. 12, p 9-29. Recuperada de http://www.redalyc.org/pdf/652/65201201.pdf

De la Torre, M. (1993). *Didáctica*. Argentina: Génesis.

De León, I. (2005). Los estilos de enseñanza pedagógicos: Una propuesta de criterios para su determinación. *Revista de Investigación, No. 57*. Caracas: Universidad Pedagógica Experimental Libertador, p. 69-97. Recuperado de: http://www.redalyc.org/pdf/3761/376140371004.pdf

De Zubiría, J. (1994). *Tratado de pedagogía conceptual: Los modelos pedagógicos*. Colombia: Bernardo Herrera Merino.

De-Alba-Fernández, N., García-Pérez, F. y Santiesteban, A. (2012). *Educar para la participación ciudadana en la enseñanza de las ciencias sociales*. España: Asociación Universitaria de Profesores de Didáctica de las Ciencias Sociales – Diada Editora, p. 1-550.

Del Pilar, R. y Mejía, B., (2012). *La enseñanza de las ciencias sociales en Colombia, Estado del Conocimiento*. Colombia: Universidad de Medellín, 181-188. Recuperado de: http://didactica-cienciassociales.org/- articulos_archivos/2013-MemoriasIEncuentroiberoamericanoIDCS.pdf

Delors, J. (1996). *Informe a la UNESCO de la Comisión Internacional sobre la educación para el siglo XXI. La educación encierra un tesoro*. Paris: Santillana Ediciones UNESCO. Recuperado de: http://www.unesco.org/education/pdf/DELORS_S.PDF

Díaz, J., Santiesteban, A. y Garcés, A. (2013). *Medios de comunicación y pensamiento crítico: nuevas formas de interacción social*. España:

Asociación Universitaria de Profesores de Didáctica de las Ciencias Sociales - Universidad de Alcalá, p. 1-170.

Dosil, F. y Guzmán, M. (2013). Educación para un pueblo en resistencia. La didáctica de la Historia en las escuelas zapatistas (Chiapas, México), en Pagès, J. y Santisteban, A. (Coord): *Una mirada al pasado y un proyecto de futuro. Investigación e innovación en didáctica de las ciencias sociales.* Barcelona: Universidad Autónoma de Barcelona – Asociación Universitaria de Profesorado de Didáctica de las Ciencias Sociales, p. 263-270. Recuperado de: http://didactica-ciencias-sociales. org/wp-content/uploads/2013/11/XXVSIMPO1_v2.pdf

Ejea, G. (2007). *Sobre prácticas docentes, modelos educativos y evaluación.* Cuadernillo de trabajo. Ciudad de México: Universidad Autónoma Metropolitana Azcapotzalco. Recuperado de: http://www.azc.uam.mx/ socialesyhumanidades/03/reportes/eco/lec/vlec019.pdf

Espacio Europeo de Enseñanza Superior (1999). Declaración conjunta de los ministros europeos de enseñanza. Bolonia, Italia, 19 de junio de 1999.

Esteba, D. (2013). *Recursos y estrategias para un aprendizaje activo del alumno en el aula de ELE.* España: Instituto Cervantes - Universidad de Málaga, p. 407-415. Recuperado de: http://cvc.cervantes.es/ensenanza/ biblioteca_ele/publicaciones_centros/PDF/budapest_2013/43_ esteba.pdf

Estepa, J. (2009). Aportaciones y retos de la investigación en la didáctica de las ciencias sociales. *Investigaciones en la Escuela,* No. 69, p. 19-30. Recuperado de http://www.investigacionenlaescuela.es/articulos/69/ R69_2.pdf

Estepa, J., Friera, F. y Piñeiro, M. (2001). *Identidades y territorios: un reto para la didáctica de las ciencias sociales.* España: Asociación Universitaria de Profesores de Didáctica de las Ciencias Sociales – Ediciones KRK, p. 1-621.

Estepa, J., Sánchez, M. y de la Calle, M. (2002). *Nuevos horizontes en la formación del profesorado de ciencias sociales.* España: Asociación Universitaria de Profesores de Didáctica de las Ciencias Sociales – Editorial Libros Activos, p. 1-561.

Flores, J. (2014), enseñar desde el absurdo: la didáctica de las ciencias sociales en el siglo XXI, bajo el enfoque de la pedagogía existencial. Memoria en Extenso. *1er Congreso Latinoamericano de Estudiantes de Posgrado en Ciencias Sociales* Ciudad de México: FLACSO-UNAM, p. 1-19.

Flórez, R. (2005). *Hacia una pedagogía del conocimiento*. Colombia: McGraw Hill.

Frade L. (2009), *Desarrollo de competencias en educación: desde preescolar hasta bachillerato*. México: Inteligencia educativa.

Francis, S. (2006). Hacia una caracterización del docente universitario "excelente": Una revisión a los aportes de la investigación sobre el desempeño docente universitario. *Revista Educación*, p. 31-49. Recuperado de: http://www.redalyc.org/pdf/440/44030103.pdf

Fuster, C. (2015). Visiones de un mundo en crisis. La problematización del currículum de geografía como estrategia didáctica, en Hernández, A.; García, C. y de la Montaña, J. (Coord): *Una enseñanza de las ciencias sociales para el futuro: Recursos para trabajar la invisibilidad de personas, lugares y temáticas*. España: Asociación Universitaria de Profesores de Didáctica de las Ciencias Sociales - Universidad de Extremadura, p. 155- 162.

Gallego, R. (2004) Un concepto epistemológico de modelo para la didáctica de las ciencias experimentales. *Revista Electrónica de Enseñanza de las Ciencias*, p. 3, 3, 301-319.

García, B. (2003). La evaluación de la docencia en el nivel universitario: implicaciones de las investigaciones acerca del pensamiento y la práctica docente. *Revista de la Educación Superior*, Vol. XXXII, No. 127, julio diciembre. Ciudad de México: ANUIES. Recuperado de: http://resu.anuies.mx/archives/revistas/Revista127_S3A4ES.pdf

García, B., Loredo, J. y Carranza, G. (2008). Análisis de la práctica educativa de los docentes: pensamiento, interacción y reflexión. *Revista Electrónica de Investigación Educativa*, Vol. 10, enero. Ensenada: REDIE. Recuperado de: http://www.scielo.org.mx/scielo.php?script=sci_arttext&pid=S1607-40412008000300006

García, J. (2011). Modelo educativo basado en competencias: importancia y necesidad. *Revista Actualidades Investigativas en Educación, Vol. 11, No. 3, septiembre-diciembre*. Costa Rica: Universidad de Costa Rica, p. 1-24. Recuperado de: http://www.redalyc.org/html/447/44722178014/

García, T. (1999). *Un currículum de ciencias sociales para el siglo XXI: qué contenidos y para qué*. España: Asociación Universitaria de Profesores de Didáctica de las Ciencias Sociales - Diada Editora, p. 1-313.

Gargallo, B., Garfella, P., Sahuquillo, P. y Verde, I. (2015). Métodos centrados en el aprendizaje, estrategias de aprendizaje en estudiantes universitarios. *Revista de Educación* 370, octubre-diciembre. España:

FECYT, p. 229-254. Recuperado de: http://www.mecd.gob.es/dctm/revista-de-educacion/articulos370/espanol-ingles/08gargallo.pdf?documentId=0901e72b81ecb1fe

Giroux, H. (1990). *Los profesores como intelectuales*. Barcelona: Paidós.

Godino, J. (2010). *Perspectiva de la didáctica de las matemáticas como disciplina tecnocientífica*. Granada: Universidad de Granada.

Gómez, A. y Núñez, P. (2006). *Formar para investigar, investigar para formar en didáctica de las Ciencias Sociales*. España: Asociación Universitaria de Profesores de Didáctica de las Ciencias Sociales – Gráficas DIGARZA, p. 1-449.

González, I. (2010). Prospectiva de las Didácticas Específicas, una rama de las Ciencias de la Educación para la eficacia en el aula. *Perspectiva Educacional, Formación de Profesores*, Vol. 49, No. 1), p. 1-31. Recuperado de http://www.redalyc.org/pdf/3333/333327288001.pdf

González, J. (2007). El concepto de competencia y su aplicación a la formación de profesores, en Ávila, R.; López, J. y Fernández, E. (Coord): *Las competencias profesionales para la enseñanza-aprendizaje de las ciencias sociales ante el reto europeo y la globalización*. España: Asociación Universitaria de Profesores de Didáctica de las Ciencias Sociales – Ikur, p. 19-32. Recuperado de http://www.ehu.eus/documents/1530678/1576062/Parte20I.pdf

Gross, R. (1983). *Ciencias Sociales: Programas actualizados de enseñanza*. México: Limusa.

Gutiérrez, M., Buitrago, O. y Arana, D. (2012). *La enseñanza de las ciencias sociales en Colombia. Estado del Conocimiento*. Colombia: Universidad de Medellín, p. 174-181.

Harvey, D. (2007). *Breve historia del neoliberalismo*. Madrid: Akal.

Hernández Sampieri, R., Baptista, P. y Fernández, C. (2014). *Metodología de la Investigación*. 6ta Edición. Ciudad de México: McGraw Hill.

Hernández, A., García, C. y de la Montaña, J. (2015). *Una enseñanza de las ciencias sociales para el futuro: Recursos para trabajar la invisibilidad de personas, lugares y temáticas*. España: Asociación Universitaria de Profesores de Didáctica de las Ciencias Sociales - Universidad de Extremadura, p. 1- 1037.

Hernández, S. (2008). El modelo constructivista con las nuevas tecnologías: aplicado en el proceso de aprendizaje. *Revista de Universidad y Sociedad del Conocimiento*, Vol. 5, No. 2. España: Universidad Oberta de Catalunya, p. 26-35.

Herrera, M. (2006) Consideraciones para el diseño didáctico de ambientes virtuales de aprendizaje: Una propuesta basada en las funciones cognitivas del aprendizaje. *Revista Iberoamericana de Educación*, 38 (5), p. 1-19. Recuperado de http://www.rieoei.org/deloslectores/1326Herrera.pdf

Hevia, B. (2008). *Enciclopedia de Pedagogía*. La Habana: Espasa Siglo XXI.

Inche, J.; Andía, Y.; Huamanchumo, H.; López, M.; Vizcarra, J. y Flores, G. (2003). Paradigma cuantitativo: un enfoque empírico y analítico. *Revista de Investigación Industrial Data*, Vol. 6, No. 1, agosto. Lima: Universidad Nacional Mayor de San Marcos, p. 23-37. Recuperado de: http://www.redalyc.org/pdf/816/81606104.pdf

Jiménez, A. y Torres, A. (2004). *La práctica investigativa en ciencias sociales*. Bogotá: Universidad Pedagógica Nacional.

Joyce, B. y Weill, N. (1985). *Modelos de Enseñanza*. New Jersey, USA: Prentice Hall, Inc. Traducción de Ricardo Sánchez, Editorial Anaya.

Joyce, B., Weil, M. y Calhoum, E. (2002): *Modelos de Enseñanza*. Barcelona: Gedisa.

Jurado, Y. (2013). La causalidad histórica en estudiantes de un colegio de bachilleres en México. Pagès y Santisteb (Coord): *Una mirada al pasado y un proyecto de futuro. Investigación e innovación en didáctica de las ciencias sociales*. Barcelona: Universidad Autónoma de Barcelona – Asociación Universitaria de Profesorado de Didáctica de las Ciencias Sociales, p. 249-256. Recuperado de: http://didactica-ciencias-sociales.org/wp-content/uploads/2013/11/XXVSIMPO1_v2.pdf

Lafuente, C. y Ainhoa, M. (2008). Metodologías de la investigación en las ciencias sociales: Fases, fuentes y selección de técnicas. *Revista Escuela de Administración de Negocios, No. 64, septiembre-diciembre*. Bogotá: Universidad EAN, p. 5-18. Recuperado de: http://www.redalyc.org/pdf/206/20612981002.pdf

Laguna, L. (2013). Derechos de los niños y espacios jugables. La reconceptualización del juego y el niño como una estrategia para la definición de un nuevo paradigma de espacios públicos abiertos a escala vecinal para la ciudad de Puebla. *Tesis doctoral*. Benemérita Universidad Autónoma de Puebla (BUAP), Facultad de Arquitectura, Puebla, México.

Latapí, P. (2013). *Una década clave en la investigación sobre la enseñanza de la Historia en México*: 2000–2010, en Pagès y Santisteb (Coord): *Una mirada al pasado y un proyecto de futuro. Investigación e innovación en didáctica de las ciencias sociales*. Barcelona: Universidad Autónoma de Barcelona – Asociación Universitaria de Profesorado de Didáctica de las Ciencias Sociales, p. 613-623. Recuperado de: http://didactica-ciencias-sociales.org/wp-content/uploads/2013/11/XXVSIMPO1_v2.pdf

Latorre, M. (2015). *Pedagogía de la Indagación guiada*. Cuadernillo de trabajo. Lima: UMCH, p. 1-18. Recuperado de: http://postgrado. umch.edu.pe/wp-content/uploads/2015/09/33.-Aprendizaje-por-Indagaci%C3%B3n-Ejemplos.pdf

Llado, D., Sánchez, L., Gómez, M., Navarro, M. y Guzmán, T. (2013). Modelos de enseñanza en la universidad: elementos para mejorar la práctica docente. Un análisis desde la perspectiva docente y estudiantil. Memoria en Extenso. *Congreso en Docencia Universitaria*. Buenos Aires: Universidad de Buenos Aires. Recuperado de: http://www.cdu. rec.uba.ar/content/modelos-de-ense%C3%B1anza-en-la-universidad-elementos-para-mejorar-la-pr%C3%A1ctica-docente-un

Maldonado, M. (2007). El trabajo colaborativo en el aula universitaria. *Revista de la Educación Laurus*, Vol. 13, No. 23. Caracas: Universidad Pedagógica Experimental Libertador, p. 263-278. Recuperado de: http://www.redalyc.org/pdf/761/76102314.pdf

Mardones, J. (2001) *Filosofía de las ciencias humanas y sociales*. Barcelona: Editorial Anthropos.

Martínez, A. (2004). Estrategias didácticas para un aprendizaje significativo de las ciencias sociales en preparatoria. *Tesis de Maestría en Enseñanza Superior*. Monterrey: Universidad Autónoma de Nuevo León. Recuperado de: http://eprints.uanl.mx/5491/1/1020150021.PDF

Martínez, I. y Quiroz, R. (2012). ¿Otra manera de enseñar las Ciencias Sociales? *Revista Tiempo de Educar, Vol. 13, No. 25, enero-junio*. Toluca: Universidad Autónoma del Estado de México, p. 85-109. Recuperado de: http://www.redalyc.org/pdf/311/31124808004.pdf

Miralles, P., Molina, S. y Santiesteban, A. (2011). *La evaluación en el proceso de enseñanza y aprendizaje de las ciencias sociales*. España: Asociación Universitaria de Profesores de Didáctica de las Ciencias Sociales – Compobell, p. 1-475.

Montenegro, H. y Fuentealba, R. (2010). El formador de futuros profesionales: una forma de comprender la docencia en la educación superior universitaria. *Revista Calidad en la Educación, Osorno, p. 33*, 254-267. Recuperado de: http://www.cned.cl/public/secciones/seccionpublicaciones/doc/67/cse_articulo907.pdf

Montero, P. (2007). Desafíos para la profesionalización del nuevo rol docente universitario. *Ensaio: Avaliação e Políticas Públicas em Educação, Rio de Janeiro, p. 15, 56,* 341-350.

Mora, M. y Estepa, J. (2013). La formación de la ciudadanía mediante la enseñanza de la democracia como espacio para la participación en la escuela y en el aula. el caso de México, en Pagès y Santisteb (Coord): *Una mirada al pasado y un proyecto de futuro. Investigación e innovación en didáctica de las ciencias sociales.* Barcelona: Universidad Autónoma de Barcelona – Asociación Universitaria de Profesorado de Didáctica de las Ciencias Sociales, p. 363-370. Recuperado de: http://didactica-ciencias-sociales.org/wp-content/uploads/2013/11/ XXVSIMPO1_v2.pdf

Mulder, M. (2007) Competencia: la esencia y utilización del concepto en la formación inicial y permanente. *Revista Europea de Formación Profesional, No. 40.* España: Universidad de Wageningen, p. 1-24.

Muñoz, C., Crespí, P. y Angrehs, R. (2011). *Habilidades sociales.* Madrid: Ediciones Paraninfo.

Núñez, J. (1989). *Metodología de las ciencias sociales.* Venezuela: Editorial Laia.

Núñez, N., Palacios, P., Vigo, O. y Arnao, M. (2014). El concepto de competencia (Cap. 2). Formación universitaria basada en competencias, en Núñez, N. (Coord): *Currículo, estrategias didácticas y evaluación.* Chiclayo: Instituto de Investigación Pedagógica de la USAT – Universidad Católica Santo Toribio de Mogrovejo, p. 13-19.

Organización para la Cooperación y el Desarrollo Económicos (OCDE). (2009) *Revisión de Políticas Nacionales de Educación: La Educación Superior en México:* Organización para el Desarrollo y la Cooperación Económica y el BIRD, Banco Mundial.

Ortiz, A., Sánchez, J. y Sánchez, I. (2015). Los pedagógicos desde una dimensión psicológica-espiritual. *Revista Científica Gen. Jose Maria Cordova, p. 13, 15,* 183-194.

Ortiz, L., Reales, J. y Rubio, B. (2014). Ontología y episteme de los modelos pedagógicos. *Revista Educación en Ingeniería,* Vol. 9, No. 18, p. 23-34.

Pagés, J. (1994). La didáctica de las ciencias sociales, el currículum y la formación del profesorado. *Revista Signos, teoría y práctica de la educación. 13.* España: Universidad de Barcelona, p. 38-51. Recuperado de: http://www.quadernsdigitals.net/datos_web/hemeroteca/r_3/nr_39/a_617/617.html

Pagès, J. (2000). La didáctica de las ciencias sociales en la formación inicial del profesorado, (24), 33-44. Recuperado de https://historia1imagen. cl/2011/12/09/pages-j-2000-la-didactica-de-las-ciencias-sociales-en-la-formacion-inicial-del-profesorado-iber-no-24-abril-2000-33-44/

_____ (2009). *Enseñar y aprender ciencias sociales en el siglo xxi: reflexiones casi al final de la década. Investigación en educación, pedagogía y formación docente.* España: Universidad Pedagógica Nacional, Universidad de Antioquía, Corporación Interuniversitaria de Servicios, 140-154. Recuperado de: http://www.didactica-ciencias-sociales.org/ articulos_archivos/2009-pages-e-a-ccssXXI.pdf

_____ (2011) ¿Qué se necesita saber y saber hacer para enseñar ciencias sociales? La didáctica de las ciencias sociales y la formación de maestros y maestras. *Edetanian, p. 40,* 67-81.

_____ (2012) ¿Qué se necesita saber y saber hacer para enseñar ciencias sociales? La didáctica de las ciencias sociales y la formación de maestros y maestras. *I Encuentro Iberoamericano de Investigación en Didáctica de las Ciencias Sociales*: Colombia: Universidad de Medellín, p. 7-21. Recuperado de: http://didactica-ciencias-sociales.org/articulos_ archivos/2013-Memorias-IEncuentroiberoamericanoIDCS.pdf

Pagès, J. y Santiesteban, A. (2014). *Una mirada al pasado y un proyecto de futuro: investigación e innovación en didáctica de las ciencias sociales.* España: Asociación Universitaria de Profesores de Didáctica de las Ciencias Sociales - Universidad Autónoma de Barcelona, p. 1-504.

Pagès, J., Estepa, J. y Travé, G. (2000). *Modelos, contenidos y experiencias en la formación del profesorado de ciencias sociales.* España: Asociación Universitaria de Profesores de Didáctica de las Ciencias Sociales - Universidad de Huelva - Universidad Internacional de Andalucía, p. 1-660.

Palonsky, S. (1993). A Knowledge Base for Social Studies Teachers. *En The International Journal of Social Education, p. 7, 3,* 7-23.

Pérez, M., Bustamante, S. y Maldonado, M. (2007) Aprendizaje en Equipo y Coaching en Educación. Una experiencia Innovadora. Memoria en Extenso. *VII Reunión Nacional de Currículo y I Congreso Internacional de Calidad e Innovación en Educación Superior.* Universidad Simón Bolivar.

Perrenoud, P. (2004). *Diez nuevas competencias para enseñar.* México: SEP.

Pesantes, A. (2002). *Comentario sobre los modelos pedagógicos.* Blog. Colombia: Centro de Información Pedagógica. Recuperado de: http:// www.educar.ec/noticias/modelos.html

Piaget, J. (1976). *Psicología y pedagogía.* México: Ariel.

Pilonieta, G. (2006) *Evaluación de competencias profesionales básicas del docente.* Colombia: Cooperativa Editorial Magisterio

Porlán, R. (1993). La identidad epistemológica de la didáctica de las ciencias experimentales, en Montero, L. y Vez, J. (Coord): *Las didácticas específicas en la formación del profesorado.* Santiago de Compostela: Tórculo Edicións.

Porlán, R. (1993a). La didáctica de las ciencias. Una disciplina emergente. Cuadernos de Pedagogía, p. 68-71.

Porlán, R. (1993b). Constructivismo y escuela. Hacia un modelo de enseñanza-aprendizaje basado en la investigación. Sevilla: Díada Editora.

Porlán, R. (1998). Pasado, presente y futuro de la didáctica de las ciencias. *Revista Enseñanza de las Ciencias, 16 (1). España:* Universidad de Sevilla, p. 175-185 Recuperado de: http://www.raco.cat/index.php/ensenanza/article/viewFile/83243/108226

Rodríguez, G. y Sanz, T. (1996). *Centro de estudios de perfeccionamiento de la educación superior.* Cuba: Universidad de la Habana.

Rosas, R. y Sebastián, C. (2008). *Piaget, Vygotsky y Maturana. Constructivismo a tres voces.* Buenos Aires: Aique Grupo Editor.

Rousseau, J. (1998). *Emilio o de la Educación.* España: Alianza Editorial.

Sacristán, G. (2008). Educar por competencias, ¿Qué hay de nuevo? Reseña de Tiburcio Moreno Olivos (2010), Competencias en educación. Una mirada crítica. *Revista Mexicana de Investigación Educativa, Vol 15, No. 44, enero-marzo.* Madrid: Morata. Recuperado de: http://www.scielo.org.mx/scielo.php?script=sci_arttext&pid=S1405-66662010000100017

Santiesteban, A. (1997). *La formación del profesorado y la didáctica de las ciencias sociales.* España: Asociación Universitaria de Profesores de Didáctica de las Ciencias Sociales - Diada Editora, p. 1-241.

Scagnoli, N. (2005). *Estrategias para motivar el aprendizaje colaborativo en cursos a distancia. College of Education.* USA: University of Illinois at Urbana-Champaign, p. 1-15. Recuperado de: https://www.ideals.illinois.edu/bitstream/handle/2142/10681/aprendizaje-colaborativo-scagnoli.pdf?sequence=4

Serrano, J. M. y Pons, R. M. (2011). El constructivismo hoy: enfoques constructivistas en educación. *Revista Electrónica de Investigación Educativa,* Vol. 13, No. 1. Recuperado de http://www.redalyc.org/pdf/155/15519374001.pdf

Serrano, J. y Pons, R. (2011). El Constructivismo hoy: enfoques constructivistas en educación. *Revista Electrónica de Investigación*

Educativa, Vol. 13, No. 1. Ensenada: Universidad Autónoma de Baja California – REDIE, p. 1-27. Recuperado de: http://www.redalyc.org/pdf/155/15519374001.pdf

Tobón, S. (2010). Formación integral y competencias. Pensamiento complejo, currículo, didáctica y evaluación. *Revista Interamericana de Educación de Adultos, Vol. 32, No. 2, julio-diciembre.* Bogotá: Centro de Investigación en Formación y Evaluación (CIFE) - ECOE Ediciones, p. 90-95. Recuperado de: http://www.redalyc.org/pdf/4575/457545095007.pdf

Tomachewski, K. (1983). *Didáctica General.* México: Grijalbo.

Tonda, E. (2001). *La didáctica de las ciencias sociales en la formación del profesorado de educación infantil.* España: Universidad de Alicante.

Torres, G. (2009). Modelos pedagógicos. *Blog Educativo.* Recuperado de: https://gingermariatorres.wordpress.com/modelos-pedagogicos/

Tovar, J. (2008). Modelo metacognitivo como integrador de estrategias de enseñanza y estrategias de aprendizaje de las ciencias, y su relación con las competencias. *Revista Iberoamericana de Educación*, Vol. 46, No. 7. p. 1-9. Recuperado de: https://rieoei.org/deloslectores/2161Tovarv2.pdf

Tuning-América Latina (2007). *Reflexiones y perspectivas de la Educación Superior en América Latina.* Informe final. España: Universidad de Deusto.

UNESCO. (2005). *Hacia las sociedades del conocimiento.* Informe Mundial de la UNESCO. Paris: UNESCO.

Universidad de Almería (2005). *Enseñar ciencias sociales en una sociedad multicultural: una mirada desde el Mediterráneo.* España: Asociación Universitaria de Profesores de Didáctica de las Ciencias Sociales - Universidad de Almería, p. 1-458.

Universidad de Lleida (1998). *Los valores y la didáctica de las ciencias sociales.* España: Asociación Universitaria de Profesores de Didáctica de las Ciencias Sociales - Universidad de Lleida - Diada Editora, p. 1-343.

Universidad Mariana (2008). *Modelo pedagógico.* Colombia: Grupo pedagógico de la Universidad Mariana.

Velásquez, R. y Taboada, E. (2003). Análisis de los trabajos sobre educación superior. Cap. 3. Saberes científicos, humanísticos y tecnológicos. Tomo II: Didáctica de las ciencias históricos-sociales, *en* López, Á. (Coord): *Tecnologías de información y comunicación.* Ciudad de México: Consejo Mexicano de Investigación Educativa, p. 137-147.

Recuperado de: http://www.comie.org.mx/doc/portal/publicaciones/ ec2002/ec2002_v07_t2.pdf

Vera-Muñoz, M. y Pérez, D. (2004). *Formación de la ciudadanía: las TICs y los nuevos problemas*. España: Asociación Universitaria de Profesores de Didáctica de las Ciencias Sociales.

Vygotsky, L. (1979). *El desarrollo de los procesos psicológicos superiores*. Barcelona: Grijalbo.

Zabala, A. y Arnau, L. (2007). 11 ideas clave. *Cómo aprender y enseñar competencias*. Barcelona: Editorial Graó, p. 1-223.

Zabalza, M. (1990). *La Didáctica como estudio de la Educación*. En Medina, A. y Sevillano, M. (Coords): Didáctica-adaptación. El currículum: fundamentación, desarrollo y evaluación. Tomo I. Madrid: UNED.

Zabalza, M. (2003), *Competencias docentes del profesorado*. Madrid: Narcea Ediciones.

Zorrilla, J. (1993). *Reseña histórica de la Universidad Autónoma de Tamaulipas 1956-1993*. Ciudad Victoria: UAT-Instituto de Investigaciones Históricas.

Beneitone, P., Esquetini, C., González, J., Martí, M. y Siufi, G. y Wagenaar, R. (2007). *Informe Final del Proyecto Tuning América Latina: Reflexiones y perspectivas de la Educación Superior en América Latina*. Bilbao: Universidad de Deusto – Universidad de Groningen.

Printed in the United States
By Bookmasters